Eurydice Reinert Cend

Sous le baobab, écoute …Vol.1

(Contes et légendes d'Afrique et d'ailleurs)

EURYUNIVERSE ÉDITIONS

© Euryuniverse éditions

ISBN : 2-36331-047-0
EAN : 9782363310477

www.euryuniverse.net

Mot sur l'auteur

Poétesse, romancière, essayiste et conteuse, Eurydice Reinert Cend a publié une vingtaine d'ouvrages à ce jour.

Voir le site Internet de l'auteure pour consulter sa bibliographie complète ainsi que sa Revue de Presse:

www.euryuniverse.com

Un grand Merci à mes amis Alain Lopez et Jacques Claudon pour leur aide précieuse en ce qui concerne les corrections utiles à l'achèvement de cet ouvrage. Un grand merci à Abdesselam Boutadjine pour ses magnifiques dessins.

Chers amis lecteurs, merci à vous qui me soutenez dans cette passionnante aventure de l'écriture qui devient objet de partage grâce à vous !

Chers parents et amis qui me soutenez de façons diverses et appréciables, merci beaucoup pour votre présence dans ma vie !

A tous, un grand MERCI, car vous m'êtes précieux, chacun à sa façon, par l'intérêt que vous m'accordez comme par vos encouragements et votre inestimable soutien.

Bien amicalement,
Eurydice R Cend

Table

Préface

Avez-vous dit contes ou encore légendes ? Eh bien, voici que ma parole s'envole au loin, tournoie de-ci, de-là, et vous rapporte des récits provenant de ces horizons mystérieux qui intriguent, inspirent et fascinent les amateurs d'histoires inédites.

Eurydice R Cend

Biographie

Eurydice Reinert Cend, née Capo-chichi, vit le jour au Bénin en 1969.

Elle obtint son baccalauréat à New-York, U.S.A, où elle séjourna pendant 3 ans et réside en France depuis 1991.

Titulaire d'un DESS en Communication Multimédia et d'une maîtrise en Business Management, elle écrit depuis l'âge de quatorze ans et explore divers genres littéraires dont la poésie, le conte, la nouvelle, le roman et l'essai… Eurydice Reinert Cend a publié 18 livres depuis 2005.

Auteur-conférencière, elle est également membre des associations littéraires suivantes : **l'ADILL**, le CEPAL**, la **Société des Auteurs Francophones.** Elle a été choisie en tant que membre du jury de **la Fondation SNCF** pour la lutte contre l'illettrisme en 2012.

Voir son site Internet pour plus d'information concernant ses œuvres littéraires et sa revue de presse :

www.euryuniverse.com

Bibliographie

Sous le baobab, écoute… Vol.2, 2012

Baudelaire est mort, vive le poète, (livret d'opéra), Euryuniverse éditions, 2012

Chez le même éditeur :

- ***Maman, comme un doux chant***, (recueil de poèmes), 2012
- ***Pourquoi moi ?*** (roman), 2011
- ***Sous le baobab, écoute*** : Contes et légendes d'Afrique Vol.1, 2010
- ***L'impérissable quête Vol.2 : L'héritage de Yohanan***, (roman), 2010
- ***L'impérissable quête Vol.1 : M'aimeras-tu ?*** (roman), 2010
- ***Le droit d'aimer***, (roman), décembre 2008
- ***Parfums d'éternité***, (recueil de poèmes), novembre 2007
- ***Elle, Ode à la femme et à l'amour***, octobre 2007

  novembre 2007
- ***N'ayons pas peur***, (essai spirituel), octobre 2007

- *Contes d'aujourd'hui et de toujours*, novembre 2007
- *La vie en poésie*, (recueil de poèmes pour la jeunesse), novembre 2007, réédité en novembre 2009
- *Renaissance dans le CHRIST*, (témoignage), 2006
- *Les chansons d'Eurydice*, (recueil de poèmes), 2006
- *L'œil*, (recueil de poèmes), 2005
- *Pépé Reinert, un centenaire visionnaire*, (biographie), 2003
- *L'abécédaire de l'Amour pour Elle*, (guide relationnel), novembre 2009
- *L'abécédaire de l'Amour pour Lui*, (guide relationnel), novembre 2009

L'horreur absolue

« *Vous ne pouvez servir deux maîtres, Dieu et l'argent !* », prévient Jésus de Nazareth dans la Sainte Bible.

Depuis la nuit des temps, l'horreur traverse notre monde de génération en génération, sous diverses formes et sous bien des aspects ! Si les Nazis en ont laissé un grand étalage, d'autres, ailleurs, en font tout autant et n'en sont pas moins condamnables, même s'ils tablent sur une plus petite échelle.

Un jour une femme étrangère, extrêmement riche, s'installe dans une petite ville du nom de Missè avec sa fille *Sissy*[1] et se met en quête d'une domestique. Elle prend Assyna, une petite fille d'une douzaine d'années, qui lui est rapidement proposée comme bonne à tout faire. Sissy et Assyna ont presque le même âge.

Néanmoins, pendant que la première se prélasse à n'en plus finir et se fait dorloter à souhait par sa mère, la seconde s'active jusqu'à l'épuisement ! Elle se lève toujours tôt et se couche souvent bien tard. S'il faut déranger quelqu'un pour une corvée, quelle que soit l'heure, on s'adresse aussitôt à Assyna, douce et servile petite fille de parents pauvres.

Toutefois, la riche étrangère avait un bien étrange secret. Ce qui fait qu'elle interdisait à Assyna, la seule personne autorisée à pénétrer dans sa chambre, de ne jamais ouvrir l'une de ses armoires. A Missè, nul ne savait d'où venait vraiment cette femme, ni quel était son passé. Elle ne se mêlait pas du tout aux autres et tenait un commerce de tissus de la plus belle qualité qui soit, ce qui témoignait également de la belle aisance matérielle dont elle jouissait. Mais d'où tenait-elle donc réellement une telle richesse ?

---

[1] **Sissy** : respect en langues Fon, Mahi et Gun

Un beau jour, notre riche marchande prépara une table abondamment garnie en mets, plus appétissants les uns que les autres, puis elle enjoignit gentiment sa domestique Assyna de s'en régaler copieusement en son absence. Comme celle-ci ne comprenait pas un tel revirement de comportement à son égard, étant donné qu'elle était toujours reléguée au dernier rang, et que nul ne lui accordait jamais la moindre importance, du fait qu'elle était la servante. Toutefois, sa maîtresse lui fit comprendre qu'elle tenait à la remercier ainsi de ses bons services et lui précisa par ailleurs qu'elle devait profiter, seule, de ce festin largement mérité, avant de s'en aller.

Assyna, incommodée par cette attitude généreuse si soudaine, vaqua à ses occupations, comme à l'accoutumée, puis elle se décida en fin de compte à s'attabler afin de profiter des largesses de sa maîtresse pour une fois. La fillette agissait ainsi, avant tout, afin d'éviter que celle-ci ne puisse lui reprocher de lui avoir désobéi. Cependant, alors qu'elle venait de se servir et qu'elle s'apprêtait à manger, Sissy, la fille bien aimée et plus que choyée de sa patronne, rentra à l'improviste et se mit aussitôt à la *haranguer.*[2] Il était pourtant prévu qu'elle passerait la journée chez l'une de ses amies, probablement en vue d'éviter qu'elle ne

---

[2] **Haranguer** : réprimander vertement, houspiller

jalouse Assyna et qu'elle ne réagisse avec animosité à l'étrange requête de sa mère.

La fillette reprocha donc à la petite servante d'être sans gêne au point de prendre ses aises chez elle, en l'absence de sa mère, et lui ordonna de retourner à ses besognes plutôt que de profiter de leurs biens, sans rien entendre aux explications qu'Assyna essayait de lui fournir, en vain. Sissy s'empressa alors de prendre la place de la petite servante et se mit à déguster de façon bravache le bon repas préparé par sa mère, avec une arrogance manifeste.

Malheureusement pour cette fillette, bien trop *hautaine,* [3] à peine avait-elle commencé à avaler quelques bouchées de l'un de ces plats alléchants qu'elle se retrouva figée sur sa chaise, subitement, telle une véritable statue de marbre, sans plus pouvoir se mouvoir ni s'exprimer.

Lorsque, enfin, la pauvre Assyna revint débarrasser la table, en espérant que sa jeune maîtresse aurait déjà fini de se restaurer, elle la découvrit ainsi inanimée, aussi inerte qu'une pierre, en position assise, à la place qu'elle-même occupait précisément quelques instants plus tôt. Inquiète et plus qu'affolée, la fillette se mit alors à l'appeler, tout en la secouant. Mais,

---

[3] **Hautaine** : arrogante, suffisante, dédaigneuse

chose étrange, à chaque fois qu'elle prononçait le prénom de sa petite maîtresse, des pièces d'or affluaient en masse de la bouche de l'insolente Sissy. La jeune servante, stupéfaite et horrifiée par ce qu'elle voyait là, prit brusquement ses jambes à son cou et s'en alla, en pleurs et toute tremblotante chez elle, conter cette affreuse histoire aux siens.

Les curieux accoururent bientôt de partout afin d'être témoins de ce spectacle abominable dont il n'était plus que question d'un bout à l'autre de la grande cité de Missè et, sûrement aussi, bien au-delà. La population fit aussitôt appel à la police, qui perquisitionna alors chez l'étrangère, pour y découvrir, dans une mystérieuse armoire cadenassée se trouvant dans sa chambre, une autre petite fille qui ressemblait trait pour trait à Sissy, mais qui paraissait un peu plus jeune.

Autour de l'enfant se trouvait également des pièces d'or, ce qui laissa supposer que celle-ci avait vraisemblablement subi le même sort que sa sœur, bien auparavant. Assyna, quant à elle, l'avait échappé belle, car elle aurait due être pétrifiée à la place de Sissy si, par un étrange et providentiel hasard du sort, celle-ci ne l'avait ridiculisée puis sommée de lui céder la place. Le bienfait supposé de cette drôle d'étrangère voilait en réalité la traîtrise et le mal. Néanmoins, l'acte humiliant et détestable de sa propre fille sauva l'innocente servante du pire, réalisèrent également avec effroi tous ceux qui furent témoins de cette histoire bien tragique.

Lorsque la commerçante rentra finalement chez elle, elle y fut naturellement accueillie par les hommes de loi qui la sommèrent, d'emblée, de leur expliquer qui était l'enfant se trouvant dans le placard et ce qu'elle y faisait. Ils apprirent ainsi qu'il s'agissait en réalité de la sœur jumelle de Sissy, dont la propre mère s'était servie afin de s'enrichir, deux ans plus tôt. Cette femme cupide et capable de tant d'horreurs avait dû fuir son ancien lieu de résidence manifestement dans le but de ne pas éveiller les soupçons et, surtout, pour éviter d'avoir à rendre de comptes aux autorités au sujet de la disparition de sa fille.

Après avoir assisté à ce phénomène étrange, des plus monstrueux, les gens de Misssè s'accordèrent tous sur le fait qu'il ne faut jamais envier l'apparente richesse d'autrui, qui plus est, si l'on ne sait rien de la véritable provenance d'une telle fortune. Ils en conclurent surtout qu'il vaut mieux vivre pauvre et doté de bonté et de joie de vivre, plutôt que d'être riche et cruel au-delà de toute imagination !

Sur cette terre de chimère, n'enviez rien ni personne car votre plus grande richesse, celle capable de vous faire converger vers le bien suprême, est en vous, bien qu'elle ne vienne pas de vous-mêmes et qu'elle émane abondamment du Bien suprême !

La cupidité

L'avidité et la rapacité sont sœurs et filles d'une même mère, l'horreur !

Tous les matins, très tôt, vers cinq heures, une femme allait chercher de l'eau. Elle passait souvent par un carrefour où deux chemins se croisaient tortueusement. Cette femme avait entendu, comme beaucoup, des histoires étranges à propos des pièges occultes et des mauvais génies mais, pour autant, elle ne craignait pas de s'aventurer seule, sur la route aux heures où bien d'autres en trembleraient.

Un beau jour, contre toute attente, elle aperçut un amoncellement de billets de banque flambant neufs, en arrivant à hauteur de ce même carrefour. Dans un premier temps, elle n'en crut pas ses yeux et, prudente, se méfia instinctivement de cette fortune qui était exposée à la vue, visiblement, de façon surprenante. La femme poursuivit dès lors son chemin, tout en se remémorant toutes ces histoires horribles qu'elle entendait parfois de-ci, de-là, à propos de trésors maudits, sans vraiment savoir si elles étaient ou non avérées. Comme elle n'était plus loin de la source d'eau, elle alla tout de même chercher cette denrée rare pour laquelle elle s'était levée plus tôt que les autres, comme à l'accoutumée, puis elle reprit le chemin inverse.

Toutefois, son esprit vagabondait terriblement et elle entrevoyait tout ce qu'elle pourrait s'offrir et faire, si seulement elle pouvait être en possession d'une telle somme d'argent, sans courir le moindre risque, pour autant. A force d'y penser et de ressasser cette idée, elle en arriva au point où elle ne sut véritablement plus que croire lorsqu'elle se retrouva à nouveau face au magot tentateur, au détour du chemin qui donnait sur ce fameux carrefour. Aussi, décida-t-elle de s'arrêter un instant pour prendre le temps de réfléchir à la meilleure stratégie qui lui permettrait alors de s'emparer de tout cet argent, sans grand danger.

Après mûre réflexion, cette femme décida finalement de lancer un caillou sur le tas d'argent, afin de voir ce qu'il en adviendrait. Toutefois, comme il ne se passait rien d'anormal, elle décida d'y jeter encore un bâton et obtint le même résultat. Elle se dit, par conséquent, que tout ce qu'elle avait entendu sur de prétendus sorts concernant de telles découvertes ne pouvait relever que de l'affabulation, de pures balivernes, en somme ! Aussi, fit-elle trois fois le tour de cet amoncellement de billets, s'en rapprochant de plus en plus, à mesure qu'elle formait des cercles, comme pour conjurer d'avance toute influence néfaste.

Une fois près du butin, elle le toucha tout d'abord d'un pied puis de l'autre et, comme il ne se passait toujours rien, la femme cupide se décida enfin à prendre une liasse de billets à pleine main ! C'est alors qu'elle se retrouva figée, en moins de temps qu'il n'en fallait pour le réaliser. Aussitôt, un être étrange, de petite taille et au teint translucide, qui arborait une allure d'homme, sortit alors promptement de l'ombre et s'approcha d'elle, tout en proférant une formule incantatoire qui acheva de la réifier. La femme se transforma dès lors en un petit serpent docile que l'être étrange s'empressa de fourrer dans un sac, tout aussi bizarre, avant de disparaître aussi soudainement qu'il était apparu !

L'un s'en alla, comblé pour avoir atteint son objectif en capturant une proie qui fut néanmoins difficile à appâter, tandis que l'autre, à présent prisonnière de l'ombre, se retrouva là où elle n'aurait jamais voulu être, si elle avait su qu'il s'agissait véritablement d'un piège et si elle avait entendu cette petite voix se trouvant elle et qui lui soufflait pourtant, incessamment, que tout ce qui brille n'est pas de l'or !

La véritable liberté appartient à ceux qui peuvent s'affranchir des leurres et des vains désirs qui emprisonnent l'être, plus qu'ils ne le libèrent.

L'âme pure

La pureté du cœur finit toujours par se révéler naturellement à tous, au grand jour, malgré les innombrables feux follets qui tentent désespérément de la dissimuler au regard du grand nombre, partout !

Dans le lointain royaume du Vitifliki, comme ses prédécesseurs, le bon roi *Gbènan* [4] préparait sa succession avec grand soin, dans la plus grande discrétion. Ainsi donc, malgré l'activité incessante qui régnait à la cour et nonobstant l'insouciance des princes pouvant prétendre à l'accession au trône, les rouages devant conduire l'un ou l'autre d'entre eux au plus haut rang social étaient déjà enclenchés, à l'insu de nombre d'entre eux.

Le roi envoya quelques-uns de ses espions les plus sûrs auprès de ses fils afin qu'ils puissent lui rendre fidèlement compte de la personnalité des uns et des autres. Les envoyés du monarque trouvèrent maints prétextes pouvant justifier de leur présence auprès de leurs hôtes princiers et se firent inviter au sein même de leurs foyers.

L'un avança qu'il était en pleine crise conjugale et qu'il souhaitait le noble avis de l'un des princes à ce propos ; l'autre qu'il soupçonnait certains sujets du roi d'être à l'initiative d'activités illégales et qu'il voudrait

---

[4] **Gbènan** : Don de Dieu

en apprendre davantage grâce aux remarquables qualités d'observation et d'analyse de tel autre prince.

Un autre encore réussit à s'introduire auprès de l'un d'eux, en s'improvisant comme préposé du roi pour sa formation personnelle en matière de collecte, de tri et d'analyse de renseignements en tous genres.

Tous s'appuyèrent sur des faits réels dans leur approche car, ils ne souhaitaient en aucun cas éveiller la suspicion de ceux qu'ils devaient espionner, en sachant qu'en matière d'espionnage, il ne fallait fabriquer ou avancer des mensonges qu'en dernier ressort, c'est-à-dire, faute de mieux.

Au bout de deux semaines d'une investigation poussée, au plus près des sujets concernés, les espions rapportèrent finalement les résultats de leurs diverses observations au bon roi Gbènan. Celui-ci apprit alors que, Migan[5], l'un de ses fils était bon mais dénué du courage nécessaire pour lui permettre de prendre les décisions délicates mais inéluctables qu'exige souvent la gouvernance d'un royaume. Qu'un autre était aimable mais trop fier et trop préoccupé de lui-même pour s'occuper des affaires du peuple. Qu'un autre encore était trop ceci ou trop cela pour prétendre pouvoir régner.

---

[5] **Migan** : Nous sommes sauvés

Toutefois, parmi tous ces princes, il s'en trouvait bien heureusement deux dont les profils semblaient plutôt correspondre à celui qui était alors recherché par le roi en vue de l'organisation de sa succession. L'un de ceux-ci, nommé Sissignon[6] était un célibataire doté d'une grande maturité d'esprit et d'une sagesse plutôt remarquable pour son jeune âge ; l'autre, le prince Gbègnon, marié et père d'une innombrable fratrie, était pourvu d'une autorité naturelle dont il abusait néanmoins bien souvent.

Chez le prince Gbègnon, régnait une discipline de fer ! Il traitait ses épouses tout comme ses filles avec dédain et, seuls, ses fils étaient autorisés à manger en sa présence. Ceux-ci étaient d'ailleurs régulièrement encouragés par leur père à lui rendre compte des faits et gestes des unes et des autres en son absence. Sa progéniture [7] mâle ne se gênait donc pas pour dénoncer ou pour faire chanter mères et sœurs, tant ces garçons se sentaient supérieurs. Il faut dire que l'air était plutôt irrespirable au sein de ce foyer princier et que, chez lui, le prince Gbègnon en faisait trembler plus d'un. Pourtant, en présence de son hôte qu'il savait proche du roi, son père, il se contrôla du mieux qu'il put, ayant déjà été prévenu des intentions de son père par l'un de ses propres informateurs. Cette

---

[6] **Sissignon** : le respect est louable

[7] **Progéniture** : ses enfants, descendants

précieuse information lui valut néanmoins d'être cité auprès du roi comme étant un successeur potentiel au trône, nonobstant quelques réserves.

En réalité, le prince **Gbègnon**[8] faisait prévaloir ses droits de chef de famille de façon hautaine et abusive, tout en ignorant les devoirs qui découlaient également de ses responsabilités. Il allait même jusqu'à menacer les siens du pire, brandissant le droit de vie ou de mort dont il disposait à l'encontre de tous ceux qui se trouvaient alors à sa merci !

A l'époque, prévalait effectivement un malheureux article de loi, attribuant au chef de famille le droit de vie et de mort sur les membres de son foyer. Toutefois, cette loi avait été **promulguée**,[9] à l'origine, afin que les pères de famille puissent, au besoin, soustraire les leurs à la férocité des envahisseurs qui brutalisaient, violaient et tuaient leurs victimes, alors, sans le moindre scrupule.

Aussi était-il prévu que face à une telle fatalité, le chef de famille, après avoir jugé de l'urgence et de la gravité de la situation, pouvait administrer un poison mortel aux siens comme à lui-même, de ce fait. Cette loi avait également pour objet de signifier que nul autre qu'un chef de famille ne pouvait disposer de la

---

[8] **Gbègnon** : La vie est bonne, la vie est merveille

[9] **Promulguer** : instituer, établir

vie de l'un des siens, en dehors de l'autorité régnante. Ce qui laissait entendre que toute personne autre que le chef de famille et le roi allait à l'encontre de la loi en attentant à la vie de l'un des siens. Le coupable devait donc rendre compte de cet acte au patriarche, de même qu'à ses pairs, devant la cour suprême du royaume.

Malheureusement, au fil du temps, cette loi de circonstance fut détournée par des hommes peu vertueux et bien peu soucieux du bien-être des leurs. Ceux d'entre eux qui étaient uniquement mus par le désir d'affirmer leur autorité sur plus faible qu'eux, de façon misérable et despotique, s'empressèrent donc de s'approprier cette loi à d'autres fins. Contre toute attente, le roi découvrit également que, bien qu'instruit plus que tout autre au sujet de la véritable portée de cette loi, l'un de ses propres fils en usait malencontreusement et qu'il était de ces vils scélérats.

Malgré la peine et le désarroi que suscitaient en lui ces nouvelles, si peu réjouissantes dans l'ensemble, le souverain pria véritablement pour que, après lui, au moins l'un de ses fils fut à même de reprendre le flambeau. Cependant, il était résolu à admettre que le plus vaillant, quel qu'il soit, puisse régner, au cas où ses propres fils seraient jugés inaptes en la matière. Aussi, oeuvra-t-il secrètement, en conséquence, afin que seul un être de valeur puisse accéder au trône, malgré toute tentative déloyale qu'il pouvait malheureusement redouter.

Par ailleurs, quelque temps avant sa mort, le sage homme avait réuni tous ses fils afin de leur rappeler la règle d'or qui prévaudrait pour quiconque devrait régner après lui : ***il s'agissait, en réalité, de pouvoir faire preuve de respectabilité en toute chose***.

Par ce précepte le brave roi signifiait clairement aux siens que son successeur devait disposer de la belle capacité consistant à être noble et digne en toute chose ; à savoir faire preuve d'abnégation, en faisant passer les intérêts du royaume avant ceux personnels ; à aimer et à protéger ses sujets quoi qu'il en coûte, en les jugeant avec sagesse et équité au besoin ; à œuvrer pour la paix et pour la prospérité du royaume et, si possible, à agir en bien même au de-là…

Toutefois, la plupart des princes ne retint que ce qu'ils voulaient bien entendre de ce discours plein de sagesse et de bon sens que leur prodiguait consciencieusement leur vieux Père. A chacun son destin, se disaient dédaigneusement ceux d'entre eux qui étaient les plus sourds à son message, se donnant ainsi une bonne raison de diriger le royaume comme bon leur semblerait, le moment venu, en leur temps. Néanmoins, ceux qui admiraient et qui respectaient véritablement la sagesse ainsi que les capacités indiscutables du vieil homme à régner l'écoutèrent respectueusement, jusqu'au bout.

À la mort du vieux ***monarque,*** [10] conformément à la tradition, les princes héritiers furent tous réunis, quelques temps après les funérailles, afin de se soumettre aux épreuves éliminatoires devant permettre de désigner parmi eux un successeur à la noble place qu'occupait leur Père. Afin d'avoir une bonne longueur d'avance sur les autres, l'impitoyable prince Gbègnon, roublard et opportuniste comme toujours, n'hésita pas à soudoyer l'un des anciens qui lui révéla certains secrets concernant les rites incontournables auxquels, lui-même avait échoué, bien des années plus tôt.

Fort heureusement pour ses frères, néanmoins, l'intriguant ignorait tout comme son déplorable informateur que son défunt père avait pris les dispositions nécessaires en vue de palier une telle forfaiture, dans l'éventualité d'une fuite concernant le protocole d'usage préexistant. Ces précautions supplémentaires n'étaient connues que de quelques-uns, absolument contraints au secret, pour avoir prêté serment sur leur vie comme sur celle des leurs.

Par conséquent, notre prince, despote et usurpateur, passa avec brio les premières épreuves,

---

[10] **Monarque** : roi, souverain

tout comme deux autres de ses frères. Il se mit aussitôt à se pavaner, claironnant partout qu'il était de loin le favori. En réalité, il payait grassement ses détracteurs, en étant persuadé qu'ainsi il pourrait s'assurer la victoire finale de façon décisive.

Migan le bon prince manquant d'autorité, Gbègnon le fourbe et Sissignon le généreux célibataire, étaient donc les trois seuls finalistes au terme de la sélection draconienne qui permit d'éliminer neuf autres princes lors d'une première sélection. Ce passage forcé comportait des épreuves dans de nombreuses disciplines telles que la lutte, les connaissances historiques, mathématiques, géographiques ou celles philosophiques. L'aptitude en métaphysique se mesurait alors à la capacité des postulants à répondre à des devinettes et à résoudre certaines énigmes véritablement à la portée des seuls gens d'esprit.

Arriva enfin la dernière épreuve, la plus importante et, par conséquent, celle devant laquelle devraient s'incliner tous ceux jugés inaptes à régner à l'issue des diverses confrontations. Elle consistait à se rendre dans le temple où reposaient les dépouilles de tous les rois précédents et à pouvoir en ressortir avec un message correspondant à celui de l'oracle. Celui-ci ne serait consulté devant tous, qu'une fois la cour royale réunie au grand complet, après que les candidats eurent tous confié aux sept dignitaires constituant l'assemblée des sages, alors présente, le message dont ils furent personnellement dépositaires lors de leur passage au temple.

Migan entra le premier, mais il se retrouva dans une pièce vide. Il y demeura néanmoins deux heures durant et, exaspéré par cette attente interminable, il en ressortit finalement bredouille, ne voyant rien venir. Puis ce fut au tour de Gbègnon. Celui-ci entra dans le temple et se trouva alors en présence d'une petite fille qui jouait et qui chantait, assise dans un coin de la pièce. Le prince, pressé d'en finir, observa les lieux autour de lui et, ne voyant rien d'autre, s'adressa alors à la fillette en ces termes :

«Hé petite, viens donc voir un peu par ici ! Quel message as-tu pour moi ?» La petite leva les yeux un instant, le regarda puis, les abaissa à nouveau, en poursuivant ses jeux, sans lui accorder plus d'attention.
- Ho ! Dis donc, petite, tu pourrais être un peu plus polie ! Ne sais-tu ni dire bonjour ni t'exprimer tout simplement ? Mais que sais-tu faire donc, sinon ? tempêta aussitôt le prince Gbègnon, fort énervé et outré de ce que cette enfant n'accourait pas pour le servir avec l'empressement auquel il était habitué. Toutefois, comme la petite fille gardait toujours son calme, tout en continuant de l'ignorer, il se hâta de la rappeler à l'ordre une fois de plus :

- Allez, viens donc là que je t'apprenne à vivre ! Tu m'entends, viens ici ! » Aboya-t-il encore, d'un air excédé et de façon méchante, en constatant que ses invectives acerbes n'aboutissaient vraiment à rien. Au contraire, malgré toute la rage qu'il déployait dans ses propos, la fillette ne le regardait même pas et elle semblait l'ignorer, manifestement, de manière délibérée. Aussi se précipita t-il finalement dans sa direction, prêt à l'attraper par les bras afin de lui administrer une correction mémorable !

- Je vais t'apprendre à me désobéir, hurlait-il alors, en s'avançant vers elle.

Cependant, alors même qu'il l'agrippait par un bras, tout en soulevant l'autre en vue de la rosser, l'enfant se transforma soudainement en une véritable lionne en furie. Ainsi *métamorphosée,* [11] elle lui balafra vivement le visage d'un coup de patte puissant, mais non fatal, tout en lui signifiant ceci : « *Sissy ma gnon ho ! Non tin touwé min !* » Ce qui signifie : « *La véritable noblesse ne s'achète pas ! Reste donc à ta place !* » Puis elle disparut de sa vue, comme envolée. Gbègnon comprit alors, trop tard, qu'il venait manifestement d'affronter une force supérieure face à laquelle il avait lamentablement échoué. Néanmoins, hors du temple, l'attendaient ses semblables qui n'étaient, quant à eux, que de simples mortels qu'il

---

[11] **Métamorphosée** : transformée

pouvait **duper**[12] de façon habile. Il se résolut donc à leur mentir, s'essuya promptement le visage puis, il prétendit avoir combattu et vaincu un tigre des plus féroces, lorsqu'il sortit enfin du temple rituel pour rendre compte aux sages à propos de l'impressionnante balafre qu'il exhibait, alors, bien malgré lui.

Vint ensuite le tour de Sissignon qui appréhendait un peu cette ultime épreuve, sans pour autant en trembler. Lorsqu'il entra dans la pièce dédiée aux ancêtres, ce prince y découvrit, également, une fillette qui y jouait, assise à même le sol. Mais, contrairement à son frère Gbègnon, il s'approcha d'elle, la salua tout simplement et s'intéressa tout naturellement à ce qu'elle faisait alors.

- Bonjour, Mademoiselle ? Comment vous appelle-t-on ?

- On m'appelle **Honnon**[13] ! Et vous, quel est votre nom ?

- Je suis Sissignon, fils de **feu**[14] le roi Gbènan ! À quoi jouez-vous donc là, mon enfant ?

- Oh ! Je m'emploie simplement à compter les mailles que tisse le temps avec le souffle des vivants.

---

[12] **Duper** : tromper ; berner

[13] **Honnon** : La gardienne du temple

[14] **Feu** : signifie, ici, défunt

- C'est amusant ! Et où en êtes-vous à présent ? s'enquit encore le nouveau venu, conscient de ce que cette fillette n'en était pas vraiment une, en réalité, au vu de cette réponse aussi énigmatique que riche de sens. Les paroles pleines de sagesse que venait de prononcer l'enfant laissaient supposer qu'il devait s'agir d'un être exceptionnel, en vérité, car elle s'exprimait incontestablement avec force et autorité, malgré les apparences.

- Fort loin du but, mon cher Prince, fort loin ! Qu'est-ce qui vous amène donc par ici ? lui demanda à son tour la fillette.

- Je suis venu recueillir le message des anciens, mais j'ignore encore comment l'obtenir.

- Eh bien, ne cherchez plus, le voici : *« Sissi ma gnon ho, ronlon ronlon wè gni sissa. »* : ou *« La dignité et la respectabilité ne s'achètent pas mais se méritent, seule la violence cherche à s'en emparer par la force ! »* Ce qui signifie également ceci : *bien idiot qui cherche à dominer par la force.*

Princes et sages se réunirent enfin dans la vaste cour du palais royal, en présence des gens du peuple, dès lors que le dernier postulant sortit du temple. Au même moment, dans une autre pièce située dans une aile éloignée du palais, sept prêtresses habillaient une fillette d'un somptueux costume rituel, en présence de sept princesses royales. Il s'agissait d'une longue robe orangée, en soie sauvage, qui descendait jusqu'aux pieds de l'enfant. Une coiffe dissimulant en grande partie son visage, une couronne en or, de même que de beaux souliers en cuir, vinrent compléter cette toilette de circonstance.

Une fois tout le monde installé dans la grande cour se trouvant en contrebas de la salle du trône, prêtresses et princesses entrèrent à leur tour et prirent place aux côtés de la reine mère et de ses suivantes, sur des sièges disposés à l'opposé de ceux des princes.

Le doyen des sages demanda alors à chacun des princes de se lever et de s'avancer au centre de la cour en vue de délivrer, devant tous, le message qu'il avait personnellement reçu de l'oracle.

Le sage homme répétait aussitôt ce même message, qu'il proclamait également à voix haute et distincte, à l'attention de toute l'assemblée. Après quoi, le prince ayant formulé sa réponse, acquiesçait par trois fois, devant tous, en vue de confirmer ses dires et afin d'éviter tout malentendu. Sur le champ, le message de chaque prince fut ainsi soigneusement restitué et consigné dans les annales du royaume en face de son nom, puis finalement soumis à sa signature.

Le prince Gbègnon, modifiant le message qu'il avait véritablement reçu, déclara fièrement ceci, en se bombant le torse et en se tapotant la poitrine d'un air vainqueur : *«Sissi gni tché, bo ho fo ! »* : « *Le respect est mien, sans contestation possible !»,* au lieu d message révélant clairement que dignité et respectabilité lui faisaient indéniablement défaut : « *Sissi ma gnon ho ! Non tin touwé min ! »*. L'assistance en resta un instant abasourdi, tant ce message retransmis semblait présomptueux. Néanmoins, nul n'osa le contester, dans l'attente des autres messages à venir.

Le prince Migan, quant à lui, avoua franchement qu'il n'avait reçu aucun message, mais il fut tout de même rassuré par les sages qui lui répondirent alors ceci : « *Gan ko gni touwé, dagbé gbèto : la noblesse est déjà tienne, homme de bien !».*

Arriva enfin le tour de Sissignon qui énonça, calmement, d'une voix claire et remarquable le message qu'il avait effectivement reçu de l'enfant *:*
       « *Sissi ma gnon ho, ronlon ronlon wè gni Sissa !»*

Un quart d'heure plus tard, sans que nul ne sorte de cette cour royale, on toqua à la porte et les sages invitèrent l'enfant à entrer.
« *Quel message nous apportes-tu donc, noble enfant portant le sceau invisible de l'innocence,*

toi qui as été choisie par la vie afin de nous éclairer aujourd'hui quant au choix de notre roi ? » lui demanda alors le doyen des sages.

« *Sissi ma gnon ho, ronlon ronlon wè gni Sissa !* », déclara calmement la fillette, alors, d'une voix claire et distincte.

« *Ahossou togan, mi gnido nouwé, wa yi to touwé, bo gni sissi gonan !* » : « *Notre souverain et notre roi, nous nous prosternons devant toi, viens siéger sur ton trône et prendre possession de ton royaume ! Dignité et respect sont incontestablement tiens !* », proclamèrent dès lors tous les vénérables, toute la cour, ainsi que le peuple enthousiaste, à leur suite.

Tous s'agenouillèrent aussitôt en conséquence, en se tournant vers Sissignon, de façon reconnaissante et recueillie. Gbègnon fut également contraint de s'incliner devant son frère cadet, en cet instant. Mais il agissait ainsi, bien malgré lui, car il nourrissait déjà un esprit de revanche à l'encontre de ce frère qui le ridiculisait, selon lui, en faisant montre de cette grâce et de cette prestance indéniables dont il semblait naturellement doté et qui venaient d'être reconnues de tous, à présent.

Sissignon étant le seul à avoir révélé le message approprié aux sages, tout comme à l'assistance, il fut donc consacré roi, sur le champ, et le début des festivités en l'honneur de son règne, que presque tous souhaitaient florissant et prospère, fut proclamé dès lors. Sept nuits et sept jours durant, le peuple mangea à *satiété,*[15] but jusqu'à plus soif, chanta et dansa avec allégresse, en hommage à celui qu'il proclamait dorénavant comme ayant l'étoffe d'un grand roi.

Ainsi, l'âme noble et pure de Sissignon lui permit d'accéder au trône sans malice, sans désir de puissance et sans cette avidité pathologique qui gangrène nombre de ceux qui se battent pour accéder pouvoir ! Comme nous le dit la moralité de ce conte, noblesse, dignité et respectabilité se méritent et ne peuvent ni s'acheter ni s'imposer et, encore moins, s'improviser.

---

[15] **Manger à satiété** : manger à sa faim

La beauté

«Sous tes souliers de satin,
Sous tes charmants pieds de soie
Moi, je mets ma grande joie,
Mon génie et mon destin,
Mon âme par toi guérie,
Par toi, lumière et couleur !»

Charles Baudelaire, *Les fleurs du mal*

Lorsque **Vigan**,[16] le digne prince du royaume de Lèwassou, fut en âge de se marier ses parents, le roi Sôssou et la reine Sèna, envoyèrent des émissaires dans les royaumes environnants et bien au-delà afin qu'ils annoncent cette bonne nouvelles aux princesses susceptibles de l'intéresser.

Les envoyés du roi et de la reine invitèrent dès lors toutes les jeunes filles de la grande noblesse, accompagnées des leurs, à venir assister aux festivités durant lesquelles le prince pourrait choisir celle qui réussirait à captiver son cœur. Sept jours durant, la cour royale reçut les honneurs de nombreuses familles de hauts rangs, venues vanter les mérites de leurs filles. Celles-ci défilaient à tour de rôle auprès du prince, l'accompagnant pour une ballade, dînant à sa table ou, le soir venu, dansant au rythme harmonieux et entraînant des tambours, sur un doux fond de balafon, afin de mieux le charmer.

Pourtant, Vigan ne trouva aucune d'elles à son goût et, lorsqu'arriva enfin le soir du sixième jour, sans qu'il eût pu se décider pour l'une ou pour l'autre des soixante jeunes filles qui lui furent présentées, toute la

---

[16] **Vigan** : L'enfant épargné (sauvé par le destin)

cour fut sur le point d'en conclure que le prince Vigan était loin de trouver l'élue de son cœur.

Cependant, dès l'aube du septième jour, alors que le prince effectuait sa ballade matinale, seul, dans le but de se recueillir afin de faire le point sur cette situation embarrassante, il aperçut soudainement une jeune fille qui se tenait de dos. Celle-ci remplissait alors d'eau deux grandes calebasses en forme de gourde, tout en chantant allègrement, au bord d'une rivière des environs. Le prince s'arrêta aussitôt, surpris par l'incroyable beauté de la voix de celle qui s'adonnait toujours à sa tâche, sans s'être aperçu de sa présence.

« *Si celle qui possède cette voix absolument magnifique se révèle aussi charmante qu'elle sait chanter, je l'épouse !* » se surprenait à penser, quant à lui, le prince Vigan, pendant ce temps. Il était alors absolument subjugué par les mélodieuses vibrations du chant de l'inconnue qui l'envahissaient, délicieusement, au point de l'en faire frissonner inévitablement de la tête aux pieds. Il en fut tout saisi, comme dans ces moments de grande émotion où l'on s'ouvre infiniment aux choses délicates qui pénètrent alors opportunément l'être, au point de le faire pleurer de joie !

Bien que troublé, le prince était néanmoins agacé par l'effet incontrôlable que *suscitait* [17]

---

[17] **Susciter** : produire, générer, créer

immanquablement en lui cette voix étrangère, alors que des dizaines de prétendantes n'avaient pu éveiller en lui le moindre intérêt qui vaille. Vigan s'apprêtait donc à s'en aller, sans plus attendre, lorsque la jeune fille se retourna pour saisir le bâton dont elle se servirait afin de transporter les deux calebasses qu'elle venait de suspendre à chacune des extrémités de ce support pratique.

Mais avant même qu'il ne réalisât ce qu'il lui arrivait alors, le prince Vigan *vacilla,*[18] intérieurement, et demeurait incrédule, face au spectacle dont il était témoin, à présent. Il dût s'agripper à un arbre afin de ne pas perdre pied, tout à fait, en tombant réellement à la renverse. La jeune chanteuse semblait être la beauté personnifiée ! Tout en elle, du bout des orteils jusqu'à la pointe des cheveux, respirait l'harmonie et la perfection.

La belle accrocha, l'une après l'autre, ses calebasses au bâton, puis elle se baissa et glissa celui-ci sur ses épaules avec une grande agilité. Elle se releva ensuite doucement puis, s'en alla, avant même que le prince n'émerge de la douce rêverie dans laquelle l'avait plongé cette rencontre extraordinaire.

---

[18] **Vaciller** : s'effondrer ; ici ce mot s'emploie au sens d'être retourné, chamboulé ; perdre pied

Vigan rentra également chez lui, quelques instants plus tard, et fit renvoyer tout ce beau monde qui avait été rassemblé afin de lui faciliter les choses quant au choix de sa future épouse. Il se mit dès lors à épier la belle inconnue au cours des jours qui s'ensuivirent, toujours, à l'aube.

Mais, un beau jour, se sentant continuellement épiée, celle-ci fit mine de se trouver en difficulté et le prince Vigan n'eût d'autre choix que de sortir de sa cachette pour accourir aussitôt à la rescousse. La jeune fille le remercia poliment, tout d'abord, puis elle se mit à rire, à gorge déployée, en se rendant compte qu'elle avait vu juste.

- C'est donc vous qui m'observiez en cachette depuis tout ce temps ? le questionna t-elle, ensuite, d'un air amusé.

- Euh, oui ! Avoua maladroitement le prince, incapable de mentir.

- Et que me voulez-vous au juste ?

- Rien, j'aime juste vous entendre chanter.

- Hum hum ! Observa alors la jeune fille, **_perplexe,_**[19] avant de lui demander d'un air taquin :

- Aimez-vous donc tant que cela le chant ?

- Oui ! Mais surtout le vôtre, car vous possédez une voix qui a le don de m'émouvoir plus que de raison, et j'avoue avoir du mal à m'en passer depuis que je vous

---

[19] **Perplexe** : embarrassé, intrigué

ai entendue chanter pour la première fois ! Voilà, vous savez tout ! admit aussitôt le jeune prince embarrassé mais, néanmoins, soulagé d'avoir livré le fond de sa pensée à celle qui hantait ses nuits autant que ses jours, depuis quelque temps.

- Mais qui êtes-vous donc ?

- Un homme amoureux, tout simplement ! Me trouvez-vous suffisamment à votre goût pour accepter de m'épouser ? lui demanda prestement le prince, sans plus attendre.

- Mais, monsieur, je ne vous connais pas du tout et, qui plus est, cette décision ne m'appartient guère !

- Mais que diriez-vous donc, si elle vous appartenait ?

- J'avoue que votre franchise vous honore ! Cependant, je ne vous connais pas assez pour me prononcer sur une question aussi sérieuse. Je pense que nous devrions apprendre à mieux nous connaître, un peu plus chaque jour, avant que je ne puisse y répondre *décemment.* [20] Nous pourrions nous retrouver ici même chaque matin ? Comme cela, au lieu de vous cacher pour m'épier, vous me tiendriez au moins compagnie ?

- Excellente idée ! acquiesça alors le prince, de façon enthousiaste, avant de se présenter à son interlocutrice :

---

[20] **Décemment** : comme il convient de faire

- Je m'appelle Vigan, et vous ?

- Moi, c'est Syna !

- Enchanté de faire votre connaissance ! À demain donc, belle Syna ! salua-t-il encore, en l'aidant à porter ses calebasses, avant de s'éclipser. Il lui avait volontairement caché qu'il était en réalité un prince afin de garder un certain anonymat. Son rang social pourrait influencer la décision de la jeune fille, ce à quoi il ne tenait absolument pas.

Jour après jour, nos deux jeunes gens se mirent à s'apprécier mutuellement. Vigan composait des poèmes d'amour, dignes des plus grands poètes que ce monde ait connus, mû par la force de la passion qu'il éprouvait pour Syna. Celle-ci chantait pour lui les mélodies les plus douces qu'oreille humaine aie pu entendre et, à eux deux, ils s'offraient le meilleur, l'un à l'autre, sans que l'ennui ne se glisse un seul instant dans leur esprit.

Il devint très vite évident que les sentiments qu'ils nourrissaient l'un pour l'autre étaient profonds et relevaient de celui des plus nobles qu'on appelle l'amour. Aussi, le jeune homme se décida-t-il finalement à présenter Syna à ses parents. Ceux-ci accueillirent la jeune fille avec enthousiasme, dans un premier temps, en pensant qu'elle était issue d'une famille noble.

Néanmoins, dès qu'ils surent qu'elle était plutôt de condition modeste, ils firent aussitôt comprendre à leur fils que cette union était compromise de ce fait. Ce dernier se fâcha en constatant que, pour des raisons aussi arbitraires, et donc absolument discutables, celle qu'il chérissait plus que tout au monde pourrait lui échapper. Il essaya de convaincre ses parents afin que ceux-ci renoncent à cette décision radicale, en cherchant à en appeler à leur bon sens, mais rien n'y fit.

- Cher Père, chère Mère, la grâce ne suffit-elle pas pour conférer de la noblesse à un être qui le mérite, véritablement, alors même que la noblesse de sang ne confère nullement de grâce à ceux qui en sont naturellement dépourvus ? En toute chose ne doit-on pas d'abord préférer l'essentiel au superflu et, le rang n'est-il pas secondaire en comparaison de la grâce, de ce fait ? Si je devais choisir entre vivre ou régner, ne choisirais-je pas de vivre plutôt que de vouloir diriger un peuple, selon toute logique ? A mon sens, en matière de mariage, l'amour est supérieur à toute autre considération qui repose uniquement sur l'ordre établi et sur des préjugés. Voilà la véritable raison pour laquelle je choisirai d'épouser Syna, en renonçant à vous succéder, s'il le faut, mon père, plutôt que de la trahir et de renoncer à tout ce en quoi je crois réellement !

- Qu'est-ce qui te plaît donc tant que cela chez cette fille de rien, mon enfant, au point de te faire perdre la raison à ce point ?

- Sa majesté même, Père ! Son inégalable beauté ! Syna est belle de corps, de cœur et d'âme. Chose suffisamment rare pour valoir toutes les noblesses de ce monde !

- Sa beauté, mais il n'y a que toi pour la trouver si extraordinaire, mon enfant ! Nombre d'entre les filles de haute lignée qui sont venues te voir lui sont supérieures, en tous points de vue, à ce qu'il me semble !

- Mais qu'est-ce donc que la beauté pour vous, Père ?

- La beauté, mon fils, c'est ce qui fait qu'on voudrait d'une fille comme femme et comme mère pour nos enfants à venir, répliqua aussitôt le roi, sur un ton acerbe et sans appel.

- La beauté, mon cher père, n'est-ce pas aussi cette chose unique qui nous vient de celle qui nous fait renaître à l'existence et qui nous invite à redécouvrir avec elle la vie, sous un jour nouveau, pour la chérir toujours, malgré les aléas que nous réserve le sort ? Or, en ce qui me concerne, Syna seule incarne cette sublime et rare beauté qui m'inspire infiniment respect et bonté, face à la *facétieuse*[21] vie !

- Je te lance alors un défi *singulier*,[22] mon fils ! Si tu le gagnes, tu épouseras Syna et tu conserveras ton titre.

---

[21] **Facétieuse** : capricieuse

[22] **Singulier** : ici, au sens de particulier ; unique en son genre

Autrement, tu devras finalement renoncer ou au trône ou à **ta belle** ! À toi de voir.

- J'accepte volontiers de relever ce défi, bien que mon choix soit déjà fait, dans tous les cas, et que mon cœur se tourne résolument vers Syna que je ne saurais trahir pour si peu, sans renoncer à moi-même ainsi qu'à tout ce en quoi j'ai foi !

- Le trône, si peu ?

- Oui, Père ! Un trône sans joie n'est qu'une tombe qui s'agite vainement et qui, tristement, **vagit**[23] ! Nulle tombe, aussi belle soit-elle, ne saurait m'éloigner de l'objet de ma tendresse et de ma joie. Ma raison de vivre à présent, c'est Syna, ma bien-aimée. Effectivement, je veux être avec elle ou disparaître, à jamais, pour n'avoir pas su renaître avec elle !

- Bien ! Puisque tu m'apparais plus que résolu à épouser cette fille, quoi qu'il t'en coûte, voici ce qu'il te reste à faire : Tu te rendras, ce soir même, dans l'une des chambres du palais où l'on te mènera au dessein de t'y faire subir une épreuve déterminante. Je ne puis t'en dire davantage, pour l'heure. Te sens-tu toujours prêt à affronter ton destin à travers ce défi qui sera véritablement exceptionnel, Vigan ?

- Oui, Père, je le suis !

- A ce soir donc, mon enfant, et que le Ciel t'accorde sagesse et discernement !

---

[23] **Vagir** : babiller

- A bientôt, Père ! répondit calmement le prince avant de s'éclipser, malgré l'émoi qui s'était emparé de lui, inévitablement, à l'issue de cet échange. Ou il sortait vainqueur de cette épreuve inédite et il épouserait Syna, tout en restant avec les siens, ou il perdait et s'en irait avec elle, loin d'eux. Vigan décida de se rendre au pied de la source sacrée nommée *Sinwiwé*,[24] située à quelques kilomètres du palais, à l'écart de toute habitation.

Une fois seul, enfin, le prince s'assit dans la position du lotus et se mit à contempler, naturellement, le paysage d'une beauté époustouflante qui s'offrait alors à lui. En cet endroit merveilleux, des chutes d'eau chantonnantes se succédaient inlassablement en flots continus et indomptables, du haut de la falaise surplombant la vallée, vers le bassin fluvial qui desservait tant d'autres cours d'eau des environs et bien au-delà.

Le prince voulait vraisemblablement goûter à la sérénité qu'inspirait ce lieu empreint d'une beauté sauvage, si apaisante, avant de comparaître devant ses juges pour cette épreuve *cruciale*[25] dont il ignorait tout. A cet instant précis, il n'aspirait plus qu'à faire corps avec la Nature, loin des tumultes parfois

---

[24] **Sinwiwé** : l'eau pure
[25] **Cruciale** : décisive ; critique

oppressant d'une vie sociale aux multiples exigences. Selon toute évidence, le fait de se ressourcer lui apparaissait alors comme un besoin vital qu'il devait assouvir, avant d'affronter l'heure décisive qui verrait son sort résolument scellé, d'une façon ou d'une autre.

Dans tous les cas, Vigan ne voulait voir en cette ultime heure qu'une étape libératrice et non fatidique. Il désirait la vivre comme un passage initiatique qui le mènerait vers le plus grand bien qui puisse se concevoir sur terre car, pour lui, le meilleur ne pouvait s'envisager sans Syna, sa douce et belle préférée à la voix si délicieusement envoûtante !

Le soir venu, le prince Vigan s'habilla modestement, comme s'il revêtait déjà le manteau de *l'immatériel*[26] bien-être qui s'affranchit de toute vaine substance, puis il se rendit dans la salle du trône où l'attendaient déjà ses parents. Ceux-ci le contemplèrent affectueusement, pendant un bref instant, puis ils l'invitèrent à les suivre dans l'aile gauche du palais où régnait alors un calme inhabituel, presque inquiétant.

La reine se retira, néanmoins, sur le pas de la porte de la pièce où se déroulerait l'épreuve redoutable que son fils s'apprêtait à subir, ne pouvant supporter

---

[26] **Immatériel** : qui ne provient pas de la matière ; ce qui est spirituel, impalpable

53

l'attente terrible qui la séparait du **dénouement**[27] qu'elle appréhendait véritablement alors. La perte de son fils lui serait intolérable, aussi priait-elle le Ciel, de tout cœur, afin que son enfant bien-aimé sorte vainqueur de ce challenge angoissant.

Après le départ de la reine, le roi banda lui-même les yeux de son fils, de façon méticuleuse, puis il l'introduisit enfin dans la pièce qui fut préparée pour la circonstance. Il le fit asseoir dans un fauteuil confortable aux larges accoudoirs, ensuite, et lui ordonna de ne plus en bouger jusqu'à ce qu'on vienne lui ôter ce bandeau aveuglant. Le roi s'en alla dès lors et un autre entra à sa suite.

Il s'agissait alors de l'intendant du palais qui annonça au prince le déroulement des épreuves. Pour commencer, sept jeunes filles lui feraient goûter un morceau du gâteau qu'elles avaient chacune, personnellement, confectionné. Suite à cette dégustation, le prince devait réussir à identifier sa favorite parmi toutes, et ainsi de suite, au fil de leurs passages successifs, à travers diverses situations inédites.

La première d'entre elles s'avança, sur ordre de l'intendant et fit goûter au prince une délicieuse part de tarte aux pommes ; la seconde, une part non moins succulente d'un irrésistible fondant au chocolat ; la

---

[27] **Dénouement** : résultat, issue

troisième, sa part de gâteau au fromage d'un fondant des plus onctueux ; la quatrième une part de cake aux fruits rouges d'une douceur incomparable ; la cinquième sa part d'un excellent quatre-quarts aux amandes ; la sixième une part de tarte au citron non moins remarquable et, la septième, sa part d'une inoubliable galette au miel.

A l'issue de cette première étape, le prince déclara, sans la moindre hésitation, que la cinquième d'entre les filles à l'avoir servi était sa bien-aimée.

Lors de la deuxième épreuve, chacune des filles devait déposer une tasse de thé dans les mains du prince et l'aider ensuite à la boire, en lui soutenant les mains avec les siennes. Cette fois-ci, Vigan déclara que la troisième fille qui le fit boire était bien celle qu'il souhaitait épouser. Au cours du troisième et dernier défi, le prince devait deviner parmi les sept paroles qui lui étaient rapportées par l'intendant, laquelle provenait réellement de la bouche de l'élue de son cœur.

La première disait, fort plaisamment : *« Je ferai tes quatre volontés. »* ; la deuxième, *« Tu sais qui je suis. »* ; la troisième, *« Je t'aimerai pour la vie ! »* ; la **quatrième** *« Nul ne t'égale dans mon cœur. »* ; la cinquième *« Ensemble, nous prospèrerons. »* ; la sixième *« Ouvre-moi ton cœur, et je vivrai. »* ; la septième disait, pour conclure, *« Pour toi seul, mon cœur   soupire ! »* Le prince choisit, après mûre réflexion, la sixième parole qui lui fut rapportée, comme étant celle de Syna.

Stupéfait, l'intendant s'approcha promptement du prince et lui ôta alors, avec grande déférence, le bandeau qui l'aveuglait tout au long de cette série d'épreuves subtiles, quasi insurmontables pour une âme distraite et non recueillie, puis il le félicita en conséquence avant de le conduire à la salle du trône où l'attendaient, *anxieux,*[28] ses parents.

« Majestés, votre fils, le très estimable prince Vigan vient de réussir l'examen singulier auquel il fut soumis par mes soins de façon remarquable. Incontestablement, à vous l'honneur et la gloire pour avoir trouvé cette solution, seulement digne des plus grands sages, à un problème vraisemblablement insoluble pour nous autres, simples gens ! », proclama encore l'intendant, avec admiration et respect, à l'attention du couple royal.

- Comment as-tu pu deviner laquelle d'entre ces filles était véritablement Syna et comment as-tu pu réaliser un tel exploit, sans t'être trompé une seule fois, mon fils ? s'enquit néanmoins le roi auprès du prince, non sans fierté et plutôt agréablement surpris, lorsqu'ils se trouvèrent enfin seuls, sans nulle oreille indiscrète pour recueillir les propos qu'ils partagèrent, dès lors, en toute intimité.

---

[28] **Anxieux** : inquiet, angoissé

- Père, la cinquième fille m'offrit une part de gâteau aux amandes, qui avait néanmoins un arrière goût de rose. Or ma bien-aimée sent toujours bon la rose. La troisième fille qui me fit boire du thé me fit instantanément frissonner de bonheur dès que ses mains touchèrent les miennes. Et, pour tout dire, je reconnus la sixième parole qui me fut adressée comme étant celle de Syna car *« Ouvre-moi ton cœur, et je vivrai ! »* fait véritablement écho à mes propres sentiments à son égard. Ne pouvant continuer à vivre décemment, que si son cœur m'est ouvert, en toute honnêteté, je ne pouvais raisonnablement choisir que cette réponse là.

- Bravo mon enfant ! Je déclare donc ici et maintenant que vos noces seront célébrées avant la prochaine lune et que ta préférée jouira de toute notre affection, dorénavant. Puisqu'elle est si précieuse à ton cœur et que tu as su la rallier vaillamment à notre belle maison, dès à présent, elle devient également chère au nôtre.

Syna fut introduite dès le lendemain auprès du roi et de la reine, et celle-ci se leva elle-même pour la conduire auprès de son fils. Une fois les deux amoureux en présence, la reine prit la main droite de Syna qu'elle déposa tendrement dans celle de Vigan, scellant ainsi la parole de son souverain époux, devant toute la cour alors réunie, à travers ce geste symbolique.

Le prince Vigan épousa enfin sa chère Syna, huit jours après la décision royale en leur faveur, dès que l'organisation en vue de la célébration de leur union fut mise au point. Ils eurent trois merveilleux enfants, succédèrent au bon roi Sôssou et à la tendre reine Sèna. Le nouveau roi et sa belle et douce épouse Syna vécurent heureux pendant les innombrables années de règne qu'ils partagèrent ensemble.

Ainsi, la beauté de Syna, qui faisait véritablement écho à sa pureté de cœur, permit-elle finalement au prince Vigan de reconnaître sa dulcinée parmi mille, comme le chanteront encore, longtemps après, de nombreuses jeunes lavandières qui espèrent l'amour, à leur tour, et dont les mélodies résonnent joyeusement, depuis lors, aux abords des rivières de Lèwassou et d'ailleurs.

L'opportune

La sagesse est l'apanage des humbles, comme l'orgueil celui des faibles. Avec sagesse, on peut bien souvent affronter le pire, sans craindre d'y perdre son âme.

Suite à l'attaque sanguinaire de l'une des cités du royaume de Kana, hommes, femmes et enfants furent horriblement massacrés. Seuls quelques-uns survécurent parmi les habitants, soit parce qu'ils étaient ailleurs au moment des faits, soit parce que l'armée du roi Sègnon Houègnon parvint à les délivrer à temps du sort funèbre qui leur aurait été réservé, autrement.

Or, parmi les survivants, se trouvait également un petit garçon d'environ cinq ans dont le père était mort au combat, après avoir chèrement défendu la vie des siens autant que la sienne, lors de cet assaut fatidique. Il s'agissait de l'un des dignitaires du royaume, qui était fort apprécié de tous et en particulier du roi. Tous les orphelins secourus furent ramenés à la cour, en attendant que quelque parent ou ami se manifeste en vue de les recueillir.

Toutefois, ce brave homme qui mourut au combat avait deux épouses, toutes deux commerçantes. Celles-ci s'étaient rendues en compagnie de leurs filles à Glazoué, l'un des plus grands marchés régionaux en vue de s'approvisionner en *gari*[29] et en arachide, au moment des faits, ce qui

---

[29] **Gari** : farine de manioc

leur valut d'avoir eu la vie sauve et de n'avoir pas vécu les atrocités qui eurent cours lors de cette attaque sanglante. Aussi, se précipitèrent-elles à la cour, dès leur retour, chacune espérant retrouver son petit garçon manquant. L'aînée des deux, également la première épouse du défunt dignitaire, qui avait elle-même suggéré à son mari de prendre une deuxième femme afin de confirmer son rang social, s'appelait Yissé.

Sa coépouse, de cinq ans sa cadette, se nommait **Fèmi**[30] et elle était, étonnamment, aussi douce qu'une colombe et aussi docile qu'une liane. Elle n'aimait guère la zizanie et, contrairement à nombre de ses consœurs qui s'empressaient de vouloir évincer la première épouse de leur mari dès qu'elles s'installaient dans une concession familiale en rivalisant d'atours et surtout de sournoiserie, Fèmi se faisait petite et discrète.

Yissé, son aînée, était néanmoins jalouse de cette jeune femme dont tout, de la beauté jusqu'à l'humilité, laissait transparaître incontestablement la noblesse. Envieuse et mesquine, elle se targuait toujours d'être la préférée de leur époux et tentait de rabaisser sa cadette au rang d'épouse secondaire et subalterne, dès qu'elle en avait l'occasion. Toutefois, Fèmi ne répondait guère aux innombrables attaques de

---

[30] **Fèmi** : La Bien-aimée

son aînée qu'elle se contentait d'éviter, autant que possible, afin d'échapper à la rengaine quotidienne dont elle était fourbue.

Lorsque toutes deux arrivèrent enfin au palais, à la surprise générale, elles affirmèrent étrangement, chacune, que l'enfant survivant était le leur. A l'évidence, l'une d'entre elles mentait car, bien que leurs deux garçons fussent d'une ressemblance telle que, effectivement, les gens les appelaient souvent "*les jumeaux*", ils n'en étaient pas moins aisément identifiables par leurs proches.

A l'époque, on disait effectivement du père que son sang était puissant car, le fait d'avoir deux enfants si ressemblants, bien qu'ils soient issus de mères différentes, était une chose assez peu commune. Néanmoins, cette similitude n'en était tout de même pas au point d'empêcher ces mères de reconnaître, chacune, leur enfant respectif.

On en référa donc au roi, qui les fit venir toutes deux auprès de lui. Lorsqu'il sut qu'elles étaient les épouses du dignitaire qu'il affectionnait tant, il leur demanda de rentrer chez elles enterrer leurs morts, comme il se devait, puis de revenir chercher l'enfant au bout de sept jours. Les deux femmes s'en retournèrent chez elles, dès lors, l'une la mort dans l'âme à l'idée que son fils survivant puisse lui être volé, l'autre heureuse de pouvoir jouer un sale tour à sa compagne, pourvu qu'elle sache se montrer persuasive.

Sept jours plus tard, elles se présentèrent à nouveau au palais du roi Sègnon Houègnon, demandant justice dans ce cas de ***controverse***[31] des plus délicats. La reine les reçut la première, l'une après l'autre, et elle eut le temps de se faire sa propre opinion à leur propos. Elle découvrit Yissé, prétentieuse et cassante à l'encontre de sa coépouse, comme à l'accoutumée, mais elle eut aussi l'agréable surprise de trouver en la douce et belle Fèmi une âme sensible, juste et davantage dévouée aux autres que centrée sur elle-même.

Intentionnellement, la reine demanda à chacune d'elles de lui parler de l'autre. Yissé se répandit aussitôt en éloges sur sa propre personne avant de dénigrer copieusement sa consœur qu'elle qualifia ***outrancièrement***[32] de bonne à rien, d'arriviste prétentieuse et de mauvaise mère.

Quant à Fèmi, sans pour autant faire l'éloge de sa coépouse, elle avoua que c'était grâce à celle-ci que leur défunt époux l'avait choisie et aimée comme seconde femme; qu'elle lui était reconnaissante de tout le bonheur qu'elle avait connu auprès de son mari, avant que celui-ci ne se fasse tuer, etc.

---

[31] **Controverse** : litige, différend

[32] **Outrancièrement** : exagérément

La reine s'en alla ensuite rendre fidèlement compte à son époux de tout ce qu'elle avait appris au contact de ces deux femmes. Le roi les fit venir devant lui, à son tour, et demanda qu'on ramène, séance tenante, deux enfants au visage partiellement recouvert d'un bandeau, dont l'un était richement vêtu et l'autre habillé de façon tout à fait ordinaire, puis il s'adressa aux femmes :

« Voici deux orphelins de même taille, à la même coiffure et aux traits quelque peu semblables. Que chacune de vous s'approche pour reconnaître l'enfant qui est le sien et avec lequel elle repartira. »

L'un de ces deux enfants était un petit garçon qui n'avait plus personne au monde et que personne n'avait réclamé, jusqu'alors. Le roi espérait pouvoir faire d'une pierre deux coups, en réalité ! Comme l'une des deux femmes s'estimait être tellement en manque d'enfant qu'elle en arrivait à réclamer celui de l'autre, autant la satisfaire en lui permettant de s'occuper d'un enfant véritablement seul, dorénavant, se disait alors le souverain. Aussi, fit-il richement habiller le pauvre garçon qui risquait de n'intéresser personne, autrement !

Yissé eut le privilège de choisir la première et, immanquablement, elle se dirigea promptement vers l'enfant qui était vêtu de façon riche et élégante et dont le seul costume valait une véritable fortune, puis elle déclara fièrement :

- Majesté, voici, mon garçon ! Il est aussi beau et aussi digne que l'était son défunt père qui, de surcroît, était votre noble serviteur !

- Ainsi, soit-il ! Dorénavant, cet enfant est reconnu comme étant le vôtre et je prendrai personnellement de ses nouvelles de façon régulière, à l'avenir, afin de m'assurer qu'il se porte bien.

- Je vous en suis infiniment reconnaissante, Sire ! déclara alors l'intrigante, quelque peu embarrassée mais, néanmoins, heureuse de pouvoir s'enrichir ainsi à moindre frais.

Quant à Fèmi, elle courut se jeter aux pieds de son petit garçon en haillons, dès qu'elle le put, et lui prit tendrement les mains qu'elle recouvrait continuellement de baisers mêlés d'abondantes larmes de joie, tout en bénissant le sort pour cette issue inespérée, tant elle était heureuse d'avoir retrouvé son cher petit. La reine se dirigea aussitôt vers elle et lui déclara :

- Fèmi, vous qui portez ce merveilleux prénom dont le sens est ***"Bien-aimée"***, vous avez raison de vous réjouir d'avoir retrouvé l'enfant que vous pensiez avoir perdu, quant à vous Yissé, vous voici en charge d'un enfant dont nous espérons tous que vous saurez vous montrer digne. Allez donc tous en paix, conclut-elle, enfin, signifiant à l'assemblée alors réunie que, non loin d'être dupe, le couple royal agissait ainsi avec sagesse et humanité.

Il était clair pour tous que, dorénavant, Yissé devrait régulièrement rendre compte du bien-être de l'enfant qu'elle venait de reconnaître, par pure cupidité, devant l'assemblée royale, comme étant le sien. Ce qui l'obligeait dès lors à s'en occuper de façon plus que convenable.

Le secret

    De l'humain ou de la bête, qui l'emporte sur l'autre, vraiment, lorsque la parole ne sert bien souvent au premier que pour mieux détruire ceux qui, par malheur, par lui se laissent séduire ?

Un jour, un homme s'en va chasser dès l'aube et découvre, en chemin, un incroyable secret. Au beau milieu de la brousse, alors qu'il s'arrête un moment afin de décider de la stratégie à adopter, il remarque qu'une scène bizarre se déroule incroyablement à une dizaine de mètres à peine de l'endroit où il se trouve.

Le chasseur se dissimule donc, aussitôt, afin de ne pas révéler sa présence et il assiste ainsi, discrètement, à l'inhabituel phénomène qui a cours alors sous ses yeux et qui le laisse médusé.

Tapi derrière un buisson, l'homme pense rêver lorsqu'il voit une panthère qui se dévêt entièrement de son pelage qu'elle range précautionneusement ensuite sous un rocher, avant de prendre forme humaine, finalement, pour se rendre au marché de la ville voisine afin d'y faire ses courses, le plus naturellement du monde.

La panthère s'était étrangement métamorphosée en une jeune femme d'une beauté exceptionnelle, à l'allure absolument remarquable, sans s'être rendu compte alors qu'elle n'était pas seule.

Après l'avoir suivie et s'être rendu compte de ce qui se tramait, en réalité, notre chasseur revient rapidement sur ses pas avant la panthère, récupère la peau que le félin avait pris soin de dissimuler, puis il se met tranquillement à attendre sa propriétaire, toujours à l'abri, derrière le buisson.

Le soir venu, lorsque la jeune femme revient finalement à l'endroit précis où elle avait caché sa peau de bête, elle ne la retrouve plus et, plus qu'anxieuse, elle se met aussitôt à la rechercher partout de façon assidue. Le chasseur l'observe un moment, sans se manifester, puis il sort enfin de sa cachette, après s'être assuré qu'elle ne pourrait lui nuire et le mettre en charpie sans s'être revêtue de son pelage, ainsi qu'il l'entendit grommeler tandis qu'elle furetait partout.

« Bonjour belle dame ! Que faites-vous donc seule dans ces bois sombres, à une heure aussi tardive ? » lui demande-t-il donc, en l'approchant.

- Oh ! Bonjour monsieur, j'ignorais qu'il y avait quelqu'un d'autre que moi par ici. », s'exclame à son tour la jeune femme, abasourdie et fort embarrassée, avant de s'enquérir à son tour d'une voix inquiète :

N'auriez-vous pas trouvé, par hasard, une peau de panthère dans les environs ?

- Ah, vous parlez de ceci ? répond alors tranquillement le chasseur, en brandissant la peau qu'il vient de sortir de sa besace.

- Oui, c'est bien de cette peau dont il s'agit. Elle est à moi et je souhaiterais la récupérer … si vous le permettez !

- Pas si vite, ma chère dame ! Je sais qui vous êtes et je ne puis vous la restituer, tout simplement, sans craindre pour ma propre vie.

- Je vous promets de ne pas vous faire de mal, si vous me rendez ce qui m'appartient, lui assure dès lors la femme-panthère, n'ayant alors d'autre choix que celui de négocier avec l'inconnu.

- Que faisiez-vous donc au marché tout à l'heure ?

- Je me rends au marché, une fois par an, car j'aime énormément la compagnie des humains et, comme j'ai le pouvoir de me mêler à eux sans susciter leur réprobation, tant qu'ils ne savent pas qui je suis en réalité, j'en profite alors.

- Que diriez-vous donc de garder votre apparence humaine et de m'épouser ? Nous pourrions alors repartir ensemble, sans que je n'aie à m'inquiéter pour ma vie et, ainsi, votre secret serait bien gardé ! Qu'en pensez-vous, cher Monsieur ?

- Si vous me promettez de ne jamais révéler ma véritable identité à quiconque je veux bien devenir votre épouse. Mais avant cela, vous devrez me confier également votre plus grand secret. Tout chasseur dispose du sien, puisque l'univers de la savane est particulier et que, seuls les plus avisés y survivent suffisamment longtemps, pour pouvoir prospérer par elle.

- Effectivement ! Vous avez raison et je vais vous livrer le mien de ce pas : lorsque je suis en danger, je n'ai qu'à appeler mes sept chiens et, ils accourent aussitôt, pour me délivrer du pire. Mais pour cela je dois les appeler chacun par leur nom mystique que je suis seul à connaître.

- Très bien, je vous suis, mon cher mari. Désormais vous et moi sommes liés par le sceau du secret, bien que vous ne m'ayez point confié les noms de vos chiens protecteurs.

L'habile chasseur revint donc chez lui avec cette sublime créature du nom de Zaana, qu'il présenta alors aux siens comme étant sa nouvelle épouse. Sa mère accepta la chose sans histoire, bien qu'elle ait conservé quelques réserves à son encontre, ne sachant rien d'elle. Quant à elle, sa première épouse, jalouse et plus qu'excédée de découvrir que cette femme étrangère qui semblait venir de nulle part réussissait à lui voler la vedette auprès de leur mari, sans trop de peine, se jura aussitôt de causer la perte de cette rivale inattendue. Elle chercha dès lors à la ridiculiser par tous les moyens, sans y parvenir, tant la nouvelle venue excellait en tout ce qu'elle entreprenait, tout en ignorant copieusement les sulfureuses attaques de son ennemie jurée.

L'excellente et sublime Zaana gagna donc rapidement l'estime de son mari, au point que celui-ci se mit à lui confier le nom de chacun de ses secourables chiens lorsqu'elle le lui demanda, expressément, alors même qu'il était excellemment bien disposé à son égard, après une soirée bien arrosée. Mais, tandis qu'il était sur le point de nommer le dernier de ses chiens, sa mère surgit soudainement dans sa chambre et l'en empêcha.

La mère du chasseur occupait en réalité la pièce voisine de celle de son fils et, comme celui-ci s'exprimait bruyamment après avoir trop bu, au cours de cette fameuse soirée, elle l'avait entendu se confier à cette femme étrangère de façon aussi imprudente. Elle lui appliqua promptement une main sur la bouche, en lui rappelant d'un air réprobateur qu'il n'était pas bon de révéler tous ses secrets à une femme, une fois qu'elle se trouva devant lui. Son fils s'arrêta donc sur ce, et s'endormit aussitôt, emportant dans ses rêves le mystérieux nom de son septième chien protecteur. Les années passèrent ensuite, paisiblement ou presque, et Zaana, la femme-panthère, lui donna de beaux enfants, tout en continuant d'être pour lui une épouse admirable à tous points de vue.

Toutefois, sa coépouse Adangni qui tentait vainement de regagner l'estime de son mari, en renouvelant d'ardeur, parvint également à lui tirer les vers du nez, un beau jour, alors qu'il partageait sa couche, après avoir trop bu. Elle lui fit remarquer à quel point elle était triste de ne pas être de taille à concurrencer sa coépouse en vue de gagner sa préférence puisque, de toute évidence, celle-ci était parfaite en tout et qu'elle ne lui laissait pas la moindre chance de l'égaler.

« Tu parles d'une perfection ! Tout ceci n'est que pure apparence. Il s'agit là de plus grande affabulation dont, nul autre que moi ne saurait avoir idée, en réalité. Ta coépouse Zaana n'est qu'une pauvre panthère que j'ai ramenée chez nous, après l'avoir découverte en pleine mutation, au cœur de la brousse, en vérité … ». Notre chasseur raconta donc toute l'histoire à cette femme jalouse et fort envieuse de sa coépouse.

Pourtant Adangni n'en revint pas de ce qu'elle venait d'apprendre, dans un premier temps, ne pouvant croire qu'elle se trouvait effectivement en présence d'une étrange créature pouvant revêtir un aspect ou un autre, comme bon lui semblait. Elle se mit néanmoins à rire, si fort et si longtemps qu'elle faillit s'en étouffer, dès qu'elle comprit que son époux ne se moquait nullement d'elle en lui rapportant cette histoire qui semblait néanmoins cousue de toutes pièces.

Reprenant ensuite ses esprits, l'épouse conspiratrice se promit en son for intérieur de remettre rapidement la bête à sa place, dès qu'elle en aurait l'opportunité, pour lui faire ravaler toutes les humiliations qu'elle estimait avoir subies par sa faute.

Effectivement, dès le lendemain, la méchante et jalouse Adangni se mit à toiser de haut Zaana, sans raison valable. Elle poursuivit sa coépouse de tant de railleries, de façon si ignoble et si insistante, que la pauvre femme finit par lui demander de la laisser tranquille et de se mêler de ses propres affaires.

« Je me mêle de ce qui me regarde, figure-toi ! Sache que ce n'est pas une pitoyable panthère déguisée en femme qui m'apprendra à vivre. Celles de ton espèce, on les traque dans la brousse comme les abominables bêtes qu'elles sont.

Retourne donc d'où tu viens et ne me fais plus perdre mon temps à te traiter comme une rivale, puisque tu n'as vraiment rien d'une humaine. Tu n'es qu'une pathétique intrigante, une authentique usurpatrice... ! », lui débita aussitôt Adangni, sans autre forme de procès. Ecumante de rage et plus que satisfaite à l'idée qu'elle pouvait finalement se venger de celle qui la surpassait véritablement en tout, cette femme jalouse jubilait manifestement alors en renvoyant à sa rivale une image si peu réjouissante d'elle-même.

Zaana, plus que vexée et rouge de colère, la regarda alors droit dans les yeux, sans rien dire, anéantie et déçue par tant de malveillance déployée à son encontre. Elle rassembla aussitôt ses propres enfants, rentra dans sa case, où elle remit sa peau de bête après avoir transformé ses petits en panthère comme elle, puis elle sortit dans la cour de la concession à la rencontre de sa coépouse.

La femme-panthère s'approcha alors de sa rivale et, visiblement déçue, peinée et plus que courroucée, lui dit ceci : *« Je préférerais mille fois encore être une bête plutôt qu'une femme faisant preuve d'une si grande cruauté qu'aucun puits, des plus immondes, ne saurait la contenir. Toi comme les tiens, vous représentez le mal ! Permets-moi donc d'y remédier sur le champ, femme ! »*

Sur ce, elle déchiqueta Adangni et ses enfants, mit le feu à toutes les cases, puis elle s'en alla poursuivre son époux, alors à la chasse, dans le but de le punir pour son ignoble parjure. Quand Zaana se retrouva finalement dans la brousse, elle n'eut aucun mal à retrouver la trace de ce dernier, grâce à son irréfutable flair de félin, et elle le prit aussitôt en chasse.

Le mari indiscret se réfugia prestement en haut d'un arbre, puis il se mit à appeler ses chiens au secours, dès qu'il se rendit compte qu'il était pris en chasse.

Lorsque le premier chien arriva, Zaana l'appela par son nom et fut donc à même de le commander, puis elle lui demanda de se dresser à ses côtés et celui-ci lui obéit aussitôt. Le deuxième, le troisième jusqu'au sixième furent bientôt asservis au pouvoir de la panthère. Le chasseur était donc bien mal en point, lorsqu'il appela finalement le septième chien. Celui-ci apparut devant son maître et reçut aussitôt l'ordre de le défendre contre celle qui le traquait manifestement alors de façon implacable.

Zaana, ne sachant comment soumettre ce dernier animal protecteur dont elle ignorait le nom, se retrouva aussitôt face au molosse qui l'attaqua, dès que son maître le lui ordonna.

Les autres chiens, voyant cela, se rallièrent promptement à leur congénère et le chasseur fut ainsi délivré des griffes de sa compagne, grâce au conseil avisé de sa mère, qui l'avait dissuadé à temps de révéler l'intégralité de son secret à cette femme étrangère.

A partir de ce jour, dit-on, la progéniture du chasseur et de Zaana, la panthère, prolifère dans la savane mais, elle évite scrupuleusement toute présence humaine, ne voulant plus se frotter à la férocité propre à certains humains. Leurs descendants savent, depuis lors, que la bête ne survivra à l'humain que si elle s'en éloigne le plus possible.

Yogbo, l'ingrate

Que cache vraiment l'indéfinissable rictus qui se dessine aux coins des lèvres de la hyène, le rire, l'envie ou bien le mépris ? Ne cherche à le savoir, en définitive, que si tu sais déjà qui tu veux être réellement !

Il y a longtemps de cela, bien longtemps, du temps où, paraît-il, les animaux savaient et pouvaient parler, il y eut une terrible famine dans la grande savane aux mille variantes de teinte fauve. Cette pénurie fit rapidement suite à une longue période de sécheresse qui épuisa davantage les maigres ressources disponibles, aussi bien en vivres qu'en eau. Les arbres n'étaient plus que l'ombre d'eux-mêmes.

L'herbe au sol était alors plus que desséchée et le paysage apparaissait si clairsemé et si fantomatique qu'on voyait distinctement au loin, sans grand mal. Les animaux peinaient véritablement à se nourrir et mêmes les bêtes carnivores manquaient de l'énergie qui leur était nécessaire pour oser s'aventurer à la chasse par ces temps misérables.

Tous s'employaient dorénavant à préserver les quelques forces qu'il leur restait plutôt que de se dépenser inutilement pour la capture d'une proie incertaine. Ils s'activaient encore, néanmoins, à défendre un point d'eau à présent boueux et au contenu quasiment imbuvable. En ces temps-là, la disette était telle qu'une simple feuille comestible était accueillie comme une bénédiction du Ciel par les animaux.

Yogbo, la hyène végétait donc aussi dans cette immense brousse asséchée, tout comme ses semblables qui désespéraient de ne pouvoir survivre à cette misérable conjoncture si le sort ne tournait pas rapidement à leur avantage. Une bonne pluie régénératrice aurait été plus que bienvenue pour ne pas dire **providentielle** [33]! Cependant, au fil des heures qui s'écoulaient inévitablement, rien ne venait les dissuader du contraire.

Au bout de plusieurs jours d'errance, Yogbo se coucha finalement au pied d'un arbre qui apparaissait alors aussi sec et mourant qu'elle-même était décharnée et à bout de souffle. La hyène, agonisante, appelait alors la mort de tous ses vœux afin que celle-ci la délivre enfin de cette terrible faim qui la taraudait à lui en tordre les boyaux. Elle ne voulait plus être la misérable proie des insupportables crampes qui la rudoyaient à n'en plus finir ni de cette soif **inextinguible** [34] qui lui brûlait tant la gorge, que le moindre contact en devenait un véritable supplice.

Néanmoins, alors qu'elle n'attendait plus rien de bon de cette misérable vie qui la quittait déjà petit à petit, de façon terrible et affligeante, une succulente

---

[33] **Providentielle** : miraculeuse

[34] **Soif inextinguible** : soif qu'on ne peut étancher, qu'on n'arrive pas à calmer ou à assouvir

noix de palme atterrit brusquement à ses pieds. La hyène n'en crut d'abord pas ses yeux et se demanda si elle ne rêvait pas, si cette maudite faim ne lui jouait pas de drôles de tours, et s'il ne s'agissait pas finalement d'une pure hallucination destinée à l'éprouver davantage. Elle s'avança pourtant, aussi vite qu'elle le put, et ramassa prestement ce fruit inespéré, quasiment tombé du ciel.

Tout en le savourant, Yogbo leva tout de même les yeux pour voir d'où lui provenait une telle manne et elle s'aperçut qu'elle s'était échappée du bec d'un oiseau perché au sommet de l'arbre sous lequel elle se reposait alors. La hyène se rendit compte que ce dernier se gavait encore d'autres noix, sans lui accorder la moindre attention.

« Je vous remercie bien, cher ami, d'avoir daigné me céder un peu de votre bon festin, mon providentiel bienfaiteur. Cependant, je serai curieuse de savoir d'où vous tenez toute cette nourriture, vraiment précieuse, par ces temps de disette plus que prononcée ? » le questionna opportunément la hyène, envieuse et plus qu'implorante, d'un air plus qu'accablé.

- De loin, de très loin, chère amie. D'un endroit si loin que seuls les oiseaux peuvent s'y rendre, puisqu'il faut traverser nombre de contrées et une grande étendue d'eau avant d'y parvenir.

- Je suis bien maudite, puisque je ne dispose que de mes quatre pattes et qu'il me faudrait plutôt une bonne paire d'ailes pour m'y rendre, si je veux survivre à présent loin de ce monde à l'allure spectrale où tout semble irrémédiablement vouer à l'agonie.

- Je suis au regret de le constater, chère amie ! lui répondit encore l'oiseau, sans trop s'en émouvoir, avant de se remettre à manger. Il lui jeta néanmoins quelques noix et finit par lui faire la proposition suivante, au moment d'aller se poser sur une branche confortable pour y sommeiller.

- Si vous le voulez nous pouvons essayer de vous fabriquer des ailes afin de vous permettre de me suivre. Mais, étant donné que vous pesez bien plus que n'importe quel oiseau, malgré votre extrême maigreur et compte tenu de l'envergure de votre personne, il faudra beaucoup de plumes pour réaliser cet exploit dont je ne puis vous garantir le succès, par ailleurs.

- Je le veux ! Oui, je veux vivre et je ferai tout ce que vous me demanderez pour cela.

- Toutefois, j'exige votre parole d'honneur sur une seule chose : Il nous faudra repartir de l'endroit où je vous conduirai, sans tergiverser, dès que je vous le demanderai !

- Marché conclu ! Je vous suis reconnaissante de vous donner tant de peine pour la pauvre mourante que je suis ; je vous le revaudrai dès que possible. A demain, donc, cher ami de l'espoir retrouvé, l'assura Yogbo qui était alors prête à tout promette, pourvu qu'elle échappât à son triste sort.

- A demain, de très bonne heure ! Tenez-vous prêt, je vous ferai signe.», conclut finalement l'oiseau, avant de s'endormir en étant plus que rassasié.

Le lendemain matin, l'oiseau aida effectivement la hyène afin qu'elle se fabrique de bonnes ailes à l'aide de grandes plumes qu'elle avait ramassées dans la vallée des aigles, à quelques lieues de là. Comme promis, l'oiseau les fixa avec de la colle de bois, par-dessus les membres supérieurs de sa nouvelle compagne, en trichant un peu, de sorte que les ailes artificielles n'étaient pas tout à fait au niveau des pattes avant, mais légèrement décalées vers l'arrière en vue de maintenir la hyène en équilibre, une fois en l'air. Il l'aida ensuite à prendre son envol, non sans mal, en la poussant du haut d'une falaise et lui ordonna de bien rester dans son propre sillage afin de profiter de l'impulsion qu'elle génèrerait en voguant au devant de la *novice.*[35]

Yogbo et l'oiseau se mirent donc en route dès l'aube suivante et ils voyagèrent longtemps, par monts et par vaux, par de-là rivières et mers, survolant d'immenses étendues de terre et d'eau. Puis, au bout

---

[35] **Novice** : débutant, apprenti

de plusieurs heures de vol, ils parvinrent finalement à destination, alors que l'hyène commençait déjà à se demander sérieusement si elle ne s'était pas fait berner. Yogbo atterrit pourtant, pesamment, à la suite de l'oiseau mais elle se releva promptement après, à la vue des innombrables plantes nutritives et arbres fruitiers qui s'étendaient à perte de vue, devant eux, en cet endroit béni.

Ayant emporté avec elle deux grands sacs de jute afin d'y faire provision, elle se gava d'abord copieusement, des jours durant, puis elle se mit à les charger à ras bord, oubliant qu'elle était déjà bien assez lourde, personnellement, et qu'elle ne devait d'être là que grâce à l'ingéniosité de l'oiseau dont il serait sage de ne pas abuser.

Celui-ci la rappela pourtant à l'ordre, plus d'une fois, lui expliquant qu'elle ne devrait pas s'encombrer autant ; que, pour voler dans les meilleures conditions possibles, seul le strict minimum était requis. Mais Yogbo envoya promener l'oiseau, malgré tout, lui faisant remarquer qu'elle était assez costaude pour porter ses deux sacs en vol, lui recommandant également de façon fort insolente et dédaigneuse qu'elle n'avait qu'à se mêler de ses propres affaires. L'oiseau, voyant que rien n'y faisait et que la hyène était bien déterminée à n'en faire qu'à sa tête, lui rappela enfin sa promesse et lui annonça, encore, qu'il était temps pour eux de s'en aller, avant qu'il ne soit trop tard.

Mais sa protégée l'ignora royalement et continua de remplir ses sacs, babouches et poches, plus que de raison. L'oiseau lui dit finalement adieu, puis il s'envola alors seul, plus que dépité par ce comportement des plus désobligeants. La hyène se disait alors, nonchalamment, qu'elle connaissait le chemin du retour, dorénavant, et qu'elle s'en irait à son tour, quand bon lui semblerait, seulement. Yogbo s'apprêtait donc à s'endormir, en quête d'un peu de repos, après s'être outrancièrement gavée et pourvue, lorsqu'un vacarme ***tonitruant[36]*** la tira subitement de sa torpeur.

La hyène plus que repue et surchargée, chercha aussitôt d'où provenait ce bruit étrange et assourdissant, et elle réalisa soudain, avec grand effroi, qu'une nuée de dragons volait manifestement en direction de l'île où elle-même se trouvait alors. Elle n'eut alors d'autre choix que celui de prendre ses jambes à son cou, traînant à sa suite les sacs remplis de vivres et, tentant de s'envoler, sans grand succès. En désespoir de cause, notre hyène se décida enfin à abandonner sa précieuse réserve et elle réussit finalement à décoller, tant bien que mal, peu de temps avant que ces féroces dragons, plus qu'affamés alors,

---

[36] **Tonitruant** : assourdissant

ne débarquent et n'investissent les lieux en maîtres incontestables, à leur tour.

Cependant, la hyène était devenue si lourde, qu'elle avait du mal à tenir en équilibre dans les airs. Un peu plus tard, à son grand désespoir, il se mit à pleuvoir également et ses plumes de fortune se mirent à se détacher de son corps, les unes après les autres, alors même qu'elle volait déjà péniblement au-dessus d'une grande étendue d'eau. Elle dût jeter bien d'autres provisions qu'elle avait réussi à conserver dans ses poches, jusqu'alors, afin d'éviter la noyade.

Malheureusement pour elle, l'ingrate et avide hyène perdit tout à fait le contrôle de la situation. Elle se mit soudainement à descendre en flèche vers le fleuve, en contrebas et, y plongea, malgré tout, avant d'en émerger péniblement pour s'accrocher finalement à une branche flottante qui passait par là, par chance. Yogbo y reprit ses esprits bon gré, mal gré, puis elle réalisa enfin qu'elle se retrouvait véritablement dans de sales draps, à présent.

Pour toute nourriture, il ne lui restait plus que quelques noisettes au fond de ses poches et elle était vraiment trop éloignée de la berge pour espérer quelque secours. Sans autre choix que celui de se préparer à une mort certaine, faute d'un sauveteur quasiment improbable en ce lieu reculé, bien loin de toute terre habitée, la hyène détacha quelques feuilles de la branche à laquelle elle s'était désespérément agrippée. Elle dessina ensuite de belles cicatrices sur son propre visage, grâce à la sève blanchâtre qui s'écoulait alors, goutte à goutte, de la tige de ces feuilles. Ainsi parée, elle se disait qu'elle pouvait s'en aller d'une belle mort, à présent, sans avoir à rougir de laisser, ici-bas, une dépouille dénuée de tout intérêt.

Au bout de trois jours passés à la dérive, alors que notre hyène se laissait déjà glisser dans les méandres inexplorés du **trépas,**[37] se surprenant de temps à autre à divaguer comme une véritable âme en peine, il se produisit encore une chose inespérée. Un grand caïman glissa silencieusement le long de la branche qui la soutenait et s'apprêtait à refermer sa gueule sur cette proie opportune, mais se ravisa étonnamment et épargna la hyène. D'une voix forte il la réveilla, finalement, contre toute attente :

- Dites, brave hyène, d'où tenez-vous donc ces belles cicatrices qui ornent si joliment votre figure ?

- De moi-même ! J'en suis l'auteur, s'empressa de répondre celle-ci, étonnée de voir que ce reptile aquatique ne s'était pas déjà jeté sur elle dans le but d'en faire son quatre-heures.

---

[37] **Le trépas** : la mort

- Voila qui est formidable ! Que diriez-vous d'en produire d'aussi belles mais qui ne s'effaceront pas avec le temps sur mes petits ? Sachez que je vous rétribuerai convenablement, en conséquence, si vous acceptiez mon offre, lui proposa alors le nouvel arrivant, contre toute attente.

- Oh, avec grand plaisir ! Accepta volontiers la hyène, trop heureuse de réaliser que les choses tournaient à nouveau à son avantage.

- Mais avant cela, il me faudra disposer d'une case dans laquelle je puisse m'isoler avec vos chers petits, pendant un certain temps, afin d'y travailler en toute tranquillité, sans être dérangée. Nous aurons également besoin d'un ravitaillement conséquent en vivres, soit dix mesures de farines de maïs ; dix autres de mil ; deux bonnes gourdes d'huile de palme ; et des condiments, en conséquence, afin d'agrémenter les bons petits plats que je leur concocterai chaque jour, sans oublier de bonnes jarres remplies de vin et d'eau, ainsi qu'une pile suffisante de bons bois de cuisson.

- Tant que ça, s'étonna le caïman qui, en tant que maître de ces lieux, était effectivement riche et jouissait d'une position sociale enviable, à plus d'un titre. C'est d'ailleurs en vue d'asseoir sa réputation, déjà bien assise, qu'il tenait tant à embellir ses enfants de la sorte. Ceux-ci seraient ainsi admirés et respectés de tous, comme il se devait, en arborant ces admirables cicatrices dont nul autre qu'eux ne pourrait se targuer, pensait-il alors. Mais, voyant que la hyène ne consentait guère à diminuer les doses qu'elle exigeait alors, assurée de l'intérêt manifeste du caïman pour ses réalisations qu'il jugeait comme étant fort esthétiques, le reptile n'insista pas davantage.

- Chiche, je vous procurerai tout ce qu'il vous faudra, lui concéda t-il dès lors, avant de l'interroger sur un dernier point :

- Quand commencerez-vous ?

- Dès que tout sera prêt, mon bon Seigneur, lui répondit la hyène, d'un air serviable, habile et rusée comme à l'accoutumée.

- Bien, je fais le nécessaire.

C'est ainsi que, une semaine plus tard, Yogbo qui était déjà reçue par le caïman telle une invitée de marque, intégra enfin la fameuse case, construite à sa demande, suivie des sept petits caïmans. Leur père, heureux et fier de les avoir confiés à un maître de beauté dont il reconnaissait et acclamait visiblement le talent, l'assura en outre d'une belle récompense pour ce travail dont le résultat le réjouissait d'avance.

Celle-ci s'enferma donc avec les petits caïmans et réalisa, effectivement, de belles cicatrices identiques à celles qu'elle **arborait,**[38] elle-même, sur l'un d'eux. Aussi, exhiba-t-elle joyeusement celui-ci, lorsqu'au

---

[38] **Arborer** : afficher, porter

bout d'une semaine le papa caïman toqua joyeusement à la porte et lui demanda où elle en était. Celui-ci s'en retourna donc satisfait, et promit de repasser une semaine plus tard.

Cependant, sans gêne aucune, la hyène se mit à agrémenter ses repas avec l'un ou l'autre des petits caïmans qu'elle maintenait enchaînés. Ainsi, lorsque le caïman revenait contrôler son travail, chaque semaine, lui montrait-elle toujours la tête du seul petit caïman sur lequel elle avait véritablement produit les remarquables cicatrices tant recherchées par leur père.

Au bout de trois semaines, impatient, le bon père revint s'enquérir de ses enfants et du reste. La hyène brandit de nouveau une tête de petit caïman joliment ornée et rassura le père sur l'avancée de ses travaux. Toutefois, l'un des caïmans se mit alors à crier :

« *Père, la hyène est une dévoreuse de caï ...*», le petit caïman ne réussira jamais à achever sa phrase, ayant été brusquement assommé par l'hyène qui voulait l'empêcher de la dénoncer.

- N'aie pas peur, mon petit, ça ne fait pas mal et je m'occuperai de toi en dernier, si tu préfères ! avança habilement Yogbo, tandis qu'elle l'interrompit, tout en faisant croire alors au père que son fils disait des sottises par peur de se voir infliger le supplice des légères coupures qui, en cicatrisant, donneraient finalement le beau résultat escompté. Le père crut davantage Yogbo que son propre fils, s'exprimant de la sorte, en vue de remettre celui-ci à sa place :

- Courage, fiston ! Tâche donc de te montrer aussi digne que tes frères et je serai également fier de toi ! Allons, arrête donc de gémir …

Ainsi, notre hyène réussit à berner le bon caïman, sept semaines durant. Elle lui demanda ensuite de lui apprêter une barque avec la récompense promise, de même que des provisions, ainsi qu'un bon passeur qui la conduirait sur terre ferme, à des kilomètres de là, dès qu'elle en aurait fini avec ses chers petits.

Yogbo, la hyène, recommanda par ailleurs à son hôte de ne surtout pas entrer dans la case avant le soir, s'il voulait jouir du meilleur résultat possible, puisque les dernières cicatrices devaient encore sécher un peu. Il pourrait alors voir tous ses merveilleux petits, parés à souhait, au mieux de leur forme. Le caïman se décida à agir, aveuglément, conformément à la demande de son invitée, et celle-ci embarqua, prestement, après avoir copieusement remercié son hôte pour ses largesses indéniables.

Une bonne heure après le départ de son invitée d'honneur, le roi caïman, impatient et n'en pouvant plus d'attendre, se rendit vers la case dans l'espoir d'entendre jouer ses petits et, surtout, désireux de leur dire qu'il les délivrerait très bientôt. Néanmoins, aucun bruit ne lui parvint de l'intérieur. Il se dit alors que ses fistons dormaient peut-être encore.

Inquiet, le père les appela tout de même les-uns après les autres, avec insistance, en vue de s'en assurer. Cependant, nul ne lui répondant au bout de plusieurs minutes, il se résolut finalement à défoncer la porte, faisant ainsi une entrée fracassante qui le fit trébucher, à son grand désarroi, sur un amas d'os gisant alors à même le sol.

Le roi caïman réalisa dès lors qu'il s'était cruellement fait duper par la malicieuse et redoutable hyène, et se mit aussitôt à sa poursuite. Bon nageur, il s'élança vigoureusement en direction de la barque qu'on pouvait encore apercevoir depuis la berge où il régnait, encore, en seigneur et maître.

Le caïman hurlait désespérément au passeur de faire demi-tour, tout en s'évertuant à se rapprocher de la barque. Mais Yogbo se rendit rapidement compte qu'elle était poursuivie, et elle se mit alors à répéter le message du caïman au passeur, qui était en réalité à moitié sourd, tout en l'arrangeant à son avantage :

« Cher monsieur, le roi caïman vous demande d'accélérer, allez, un peu plus de zèle, foncez…! Il me fait vous dire qu'il est lui-même poursuivit par un monstre féroce et qu'il nous faut accélérer, si nous voulons avoir la vie sauve ! »

Ainsi galvanisé par l'appréhension du danger, le bon passeur, heureusement pour elle, lui obéit dès lors et mena effectivement notre hyène à bon port, avant que le caïman, affligé, ulcéré et fou de rage, ne puisse les rattraper. Mais le reptile était si furieux qu'il la poursuivit même sur terre ferme, bien au-delà de ses propres frontières, défiant rageusement au passage quiconque de se mettre au travers de son chemin, entre son ennemie jurée et lui-même.

Tous ceux que la fugitive appelait au secours s'écartaient résolument de son trajet, sans chercher à l'aider, dès qu'ils entendaient sourdre le puissant rugissement du caïman, alors semblable à celui d'une mer déchaînée par une épouvantable nuit de forte tempête.

La hyène parvint désespérément à la hauteur d'une panthère qui sommeillait tranquillement à l'abri d'un arbre et, manqua de se faire dévorer par celle-ci, en trébuchant sur ses pattes nonchalamment allongées par terre.
- Qui donc ose me déranger en cette heure bienheureuse où j'apprécie paisiblement une bonne sieste, tempêta notre chasseresse, brusquement, en immobilisant aussitôt l'intruse, d'un coup de patte aussi vif que surprenant !
- Pardonnez-moi de vous avoir réveillée, chère reine de cette contrée merveilleuse qui, pourtant, me

trouve bien embarrassée. Je suis actuellement en fuite et, quiconque me retarde, risque fort d'avoir à faire au terrible monstre qui me poursuit, tout en menaçant tous ceux qui pourraient éventuellement me venir en aide.

- Il doit s'agir d'un gros gibier pour qu'il s'amuse à proférer une telle menace à l'encontre de tous. Mets-toi donc derrière moi et observe attentivement le sort que je réserve aux malheureux impertinents qui se croient si forts qu'ils osent même me défier, moi, la plus féroce de tous les félins ! Yogbo, qui n'en espérait pas tant, se plia sans plus attendre aux sollicitations de la panthère, se faisant aussi petite que possible, pour ne pas dire, quasiment inexistante !

Lorsque le caïman arriva finalement à destination et tenta de se jeter sur la hyène, dont il venait de flairer l'odeur fétide, si caractéristique, la panthère l'éventra prestement, après l'avoir soulevé de terre et retourné d'un coup de patte énergique et brutal.

« Mon Seigneur et maître, mes plus grands hommages ! Je jure par tous les dieux d'ici et d'ailleurs que je ne servirai plus que votre majesté, tant que je vivrai, la félicita prestement Yogbo ! », qui échappa providentiellement, une fois de plus, à la terrible vengeance du pauvre roi caïman.

- Commencez donc alors, en accommodant au mieux cette misérable créature qui gît à présent par terre et qui se prenait pour un grand, afin que nous puissions nous réjouir d'un bon dîner.

- A vos ordres, mon bon Seigneur ! »

Avec un dévouement manifeste, l'hyène dépeça et accommoda l'énorme bête dans une gigantesque marmite qu'elle mit ensuite à cuire au feu, sur un foyer de bois composé de trois grandes pierres. Toutefois, Yogbo se demandait déjà comment elle pourrait bien réussir à échapper aux redoutables griffes de cette féroce panthère, qui ne manquerait sûrement pas de s'en prendre à elle, une fois ce repas fortuit consommé, et quand le ventre du félin crierait à nouveau famine. Aussi s'avança t-elle vers le félin, d'un air toujours aussi mièvre, telle une véritable admiratrice des plus serviles, lui proposant habilement de lui permettre de la débarrasser des parasites pouvant l'incommoder. La panthère accepta, de bon cœur, puis elle s'étendit sur le dos, contre une grosse branche bien accueillante, en sachant que ce repas prometteur mettrait bien des heures à cuire.

Notre malicieuse hyène se mit aussitôt à inspecter les poils de son nouveau maître, qu'elle gratouillait à loisir, afin de mieux lui faire plaisir. Suite à ce traitement princier, la panthère s'endormit rapidement et notre hyène se mit promptement à l'attacher à l'arbre en se servant de ses longs poils qu'elle fixait par touffes appropriées contre les branchages. La panthère faillit se réveiller, plus d'une fois, sentant les tiraillements légèrement douloureux de ses poils ainsi tendus, mais la hyène, avisée et prévenante, soufflait aussitôt sur l'endroit concerné et le félin se rendormait dès lors, en se pâmant d'aise.

Ainsi, lorsque la panthère se réveilla, finalement, vit-elle son invitée déjà attablée et occupée à déguster les meilleures parts du pauvre caïman.

- Tu me le paieras, petite impertinente…éructa-t-elle, par conséquent, en se ruant pour bondir et se saisir de sa protégée, devenue à présent l'objet de sa rage écumante. Mais alors, quel ne fut son étonnement lorsqu'elle se rendit compte qu'elle ne pouvait plus se mouvoir à souhait et qu'elle restait figée contre l'arbre, pattes avant comme arrière entravées, quoi qu'elle fasse.

- Que disiez-vous donc, très chère reine des mille et une poussières ! Je n'entends plus rien ? la tança l'insolente Yogbo, à son tour, avant de poursuivre paisiblement ce repas gargantuesque.

La hyène s'empara ensuite de tous les biens de son hôte avant de s'en aller, tranquillement, aussi loin que possible, afin que la panthère ne puisse jamais retrouver sa trace.

Néanmoins, contre toute attente, la panthère fut délivrée par une colonie de termites qui passait par là et auxquelles elle promit un véritable festin, en guise de récompense, si celles-ci la délivraient.

Elle alla donc chasser, une fois libre et, comme promis, elle prépara une belle réception en l'honneur de ses bienfaitrices, étant donné qu'elle était réputée pour n'avoir qu'une parole.

Celles-ci, en se rendant au festin donné en leur honneur, quelque temps plus tard, croisèrent Yogbo en chemin. Cette dernière apprit opportunément ceci, en les écoutant chanter :

« Coffélé coffélé, co félélé
é mi gnin da ni kpo, félélé
kpo nou ahan bo gnolo émi, félélé
éto gni win wè houn, félélé
éto gni atan wè houn félélé
émi wa gni kpo han nou gbé, félélé é yi é, félélé …
», ce qui se traduit par :

« Nous voici, termites, en chemin
Vers le grand festin
Que donne la noble panthère,
Croyez-le, en notre honneur
Pour l'avoir délivrée d'un grand malheur !
Y boirons-nous du vin de palme digne du ciel
Ou encore de la délicate liqueur d'un bon   miel
? »

Yogbo, toujours à l'affût d'un tour fumeux à jouer, se déguisa aussitôt en princesse étrangère, puis se mêla aux nombreux invités, dont les termites étaient les premières. Toutefois, elle se trahit rapidement en se conduisant comme un glouton et, en s'oubliant, naturellement, après s'être accordé de bonnes rasades de l'excellent vin de palme, des plus grisants, alors offert par le maître de cérémonie. Son odeur naturelle, qu'elle avait réussi à masquer, jusqu'alors, grâce à de subtils onguents parfumés se mit soudainement à se répandre dans l'air de façon lourde et ***pestilentielle.***[39]

Alertée par ce fait singulier, la panthère soupçonna aussitôt la présence infecte de la hyène et se mit aussitôt à renifler les invités, les uns après les autres, en répétant continuellement avec le plus grand acharnement :

« *Min moun do min mè ! Un intrus parmi nous... !* » Notre hyène, repue et soûle fut vite démasquée et capturée avant de finir par trépasser, à son tour, sous les griffes acérées de la panthère qui ne lui offrit plus, dès lors, la moindre chance de réitérer ses manières désobligeantes et, combien, répréhensibles !

Si le destin nous favorise parfois, malgré nos mauvais penchants, veillons toutefois à ne point abuser de notre bonne fortune, en empruntant les chemins de la véritable repentance, avant que ne

---

[39] **Pestilentielle :** puante, infecte

nous rattrapent ceux de la rude et terrible sentence qui guette, au bout du compte, les êtres inconséquents.

Le miroir

Prenez donc garde de ne jamais offrir aux autres un miroir aux reflets de vos propres aspirations, si vous ne voulez vous réveiller un jour dans un abominable labyrinthe, sans issue, *en étant étrangement doté(e) de l'image dont ils auront voulue pour vous.*

Dans une lointaine contrée, en des temps immémoriaux, une femme se trouvait si laide qu'elle se demandait souvent comment il était possible qu'il en fut ainsi. Elle disposait par ailleurs d'un miroir, supposé être le plus beau, dont elle se servait toujours en vue de se mirer.

Persuadée que son beau miroir ne pouvait lui mentir et assurée du fait qu'elle était la créature la plus laide qui fut, cette femme avait adopté l'attitude réservée, gauche et presque fuyante, propres aux personnes peu sûres d'elles.

Or, ce fameux miroir lui avait été offert par son époux, Daagan, qui l'avait recueillie chez lui alors qu'elle était encore bien jeune orpheline et venait d'être orpheline. Il l'avait toujours bien traitée et lui avait offert ce beau miroir en guise de cadeau de noces, le jour de ses dix-sept ans.

Son époux lui avait alors fait promettre de ne pas utiliser d'autres accessoires que celui-là, si elle voulait continuer à trouver grâce à ses yeux car, lui disait-il encore, elle était et resterait pour lui la plus belle femme du monde. Afoussa, la jeune femme qui ne s'était jamais mirée auparavant dans aucun autre miroir, se résolut de ce fait à l'idée de ne pas être de ces grandes beautés dont on parlait de tous temps et elle se gardait bien de se regarder, tant que peut se faire, sauf nécessité absolue.

Mais, en réalité, ce miroir possédait la capacité de rendre laide celle pour laquelle il avait été conçu et déformait de fait les autres visages de sorte que ceux-ci en paraissaient plus beaux. Mais notre jeune épouse, n'ayant jamais été plus loin qu'à l'entrée du village dont elle n'avait jamais pu se résoudre à franchir le pas, se contentait fort bien de sa petite vie bien rangée, qu'agrémentait parfois les moments privilégiés qu'elle partageait alors avec son bon et brave mari. Ne fallait-il pas être bien bon, en réalité, pour prendre comme femme une misérable orpheline comme elle qui, de surcroît, était dotée d'un physique si ingrat ?

La jeune femme n'avait pas d'enfant, mais elle tenait sa maisonnée au mieux et son époux semblait plutôt satisfait de l'avoir prise pour femme ! Tout allait donc pour le mieux, dans le meilleur des mondes, jusqu'à ce qu'elle fut contrainte de se rendre dans le village voisin en vue d'y chercher de l'eau potable, un beau jour, en l'absence de son mari, étant donné que le marigot du village était complètement à sec. Son époux était alors en voyage et tardait à rentrer. Afoussa, craignant qu'ils ne manquent bientôt d'eau à la maison, si elle ne prenait pas les devants, décida courageusement de dépasser les frontières de son petit village.

Mais qu'elle ne fut son étonnement lorsque, à son approche, les visages s'éclairèrent instantanément et que des soupirs d'admiration fusèrent, de part et d'autre, des berges de la rivière au bord de laquelle elle s'était rendue en vue de s'approvisionner en eau douce. Soupçonneuse, la jeune femme se replia brusquement, trouva un coin à l'abri de tout regard, sortit son beau miroir qui ne la quittait jamais et se rendit compte que rien n'avait pourtant changé et qu'elle était toujours aussi laide ! Aussi s'avança-t-elle bravement au milieu de ceux qu'elle prenait alors pour une bande d'hypocrites, uniquement désireux de se payer sa tête, tout en feignant d'être indifférente à sa laideur.

Face à ce qu'elle prenait pour le mépris des gens qui jouissaient du privilège d'avoir déjà tout pour eux, elle se rembrunit et poursuivit sa route, fièrement, sans se retourner. Elle réussit donc à se frayer un chemin vers l'endroit où l'eau semblait la plus pure et s'apprêtait à se servir le plus rapidement possible, afin de s'éclipser et de se soustraire promptement à la vue de tous ces gens qu'elle croyait hostiles à sa présence.

Toutefois, lorsqu'elle se baissa pour recueillir de cette eau précieuse, qu'elle était venue chercher dans sa calebasse, pour en remplir ensuite sa jarre, Afoussa resta soudain figée, pétrifiée et abasourdie face à l'incroyable spectacle qui s'offrait alors à sa vue. Son visage, qu'elle pensait quelconque, pour ne pas dire ingrat, semblait à présent bien loin de celui dont son fidèle miroir lui renvoyait l'image depuis qu'elle s'était mariée et avait découvert qu'elle pouvait se mirer. Afoussa poussa soudainement un hurlement de douleur à en assourdir l'assistance, avant de s'en aller en courant avec sa jarre à moitié pleine.

Elle alla vite se cacher dans un coin de forêt où elle pleura longtemps, seule, son malheur avant de se rendre à nouveau, seule, au même point d'eau à la tombée de la nuit, alors que plus personne ne s'y trouvait pour s'y servir, avant de s'en retourner finalement chez elle. Et là, à la belle lueur du fabuleux clair de lune qui éclairait alors toute l'étendue d'eau, elle retrouva cette même image merveilleuse et appréciable de sa propre figure, ainsi qu'il en était précédemment ! Afoussa se demanda naturellement comment une telle métamorphose était possible et comment les éléments pouvaient ainsi se mettre de la partie, à leur tour, pour se moquer d'elle, d'une façon aussi cruelle ? De la part des humains, cela ne l'étonnait guère, mais pour ce qui était de la rivière … ?

Dès le lendemain, Afoussa se rendit au marché, toujours aussi discrète, et se mira dans tous les miroirs qu'elle put trouver chez les marchandes de produits de beauté, avant de se décider à s'en offrir un. Tous lui offraient cette image parfaite, extraordinairement belle d'elle-même, qu'elle ne pouvait pourtant ni soutenir ni accepter la veille. Elle comprit donc qu'elle s'était faite bernée par celui qu'elle prenait pour son plus grand bienfaiteur, depuis sa plus tendre enfance.

En réalité, Daagan lui avait offert de l'épouser à la mort de sa première épouse, qui avait élevé Afoussa du mieux qu'elle le put, pendant quelques années, avant de sombrer infortunément dans la maladie.

La jeune fille croyait alors qu'il s'agissait-là pour elle d'un grand honneur, car elle ne sortait guère et ne connaissait pas grand-chose aux affaires du monde. En vérité, elle n'en savait que ce que voulait bien lui en apprendre Daagan, son unique lien avec le monde extérieur. Il faut dire que depuis qu'elle avait reçu ce maudit miroir qui lui fit croire qu'elle n'était qu'une créature horrible, elle prenait soin de se dissimuler au regard des autres et vivait quasiment en recluse. Cependant, comme toute chose a une fin, l'heure de son rendez-vous avec elle-même venait de sonner assurément aussi et, désormais, elle savait qu'elle ferait face à son destin, qu'elle qu'en fusse l'issue !

Son mari, Daagan, rentra trois jours plus tard, mais ne remarqua rien d'anormal, car Afoussa avait joui de tout le temps nécessaire en vue de réfléchir à la situation. Elle comprit alors que son mari s'était bien moqué d'elle et qu'il n'était qu'un vil affabulateur. Aussi, avait-elle décidé de se venger, à son tour. Elle continua donc de se comporter, comme d'habitude, afin de ne point éveiller les soupçons de ce dernier.

Toutefois, dès qu'il s'absenta de nouveau, elle se rendit à son tour chez Fatoumayé, la redoutable sorcière du village, afin que celle-ci lui fournisse de quoi rendre la monnaie de sa pièce à son manipulateur de mari. Celle-ci lui confia une plante bizarre qu'elle dissimula sous l'oreiller de Daagan, qu'elle voyait depuis lors sous son véritable jour, conformément aux instructions de la redoutable magicienne. Pour passer à l'acte, Afoussa profita ainsi de ce moment de liberté où elle se retrouva à nouveau seule avec elle-même, livrée aux vives angoisses qui ne la quittaient plus depuis, et face à l'horizon d'un futur incertain qu'elle ne parvenait plus à concevoir de façon sereine et réjouissante, à la suite d'une si cuisante désillusion.

Le lendemain de son retour, Daagan se rendit tranquillement dans l'enclos de paille leur tenant lieu de salle de bains, dans le but de se livrer à ses *ablutions*[40] matinales, comme à l'accoutumée, avant de prendre son petit-déjeuner. Il prit donc sa calebasse, la remplit d'eau dans la grande jarre posée à même le sol et commença par se débarbouiller. Puis, il se rinça la bouche, trois fois de suite, avant d'y

---

[40] **Faire ses ablutions** : faire sa toilette

introduire un cure-dent qu'il se mit à mâcher de façon méthodique. Daagan prit ensuite une autre calebasse qu'il remplit à nouveau d'eau et s'apprêta à laver ses parties intimes.

Mais, à sa grande surprise, il ne parvenait plus à sentir ses organes génitaux qui semblaient alors avoir disparu. Horrifié, il remonta aussitôt son pagne un peu plus haut et, étrangement, ne voyait toujours rien à la place qu'occupaient ses organes de reproduction, seulement encore la veille. Il se mit dès lors à courir en tous sens, attristé et plus que terrifié, en hurlant à tout venant : « Ils m'ont eu ; ils m'ont eu ; malédiction (…), je suis maudit ! ».

A l'intérieur de leur case, Afoussa, quant à elle, pleurait de façon inconsolable plus qu'elle ne se réjouissait du triste sort qu'elle venait de jeter à cet homme malhonnête. En son âme et conscience, elle savait que, jamais plus, ni l'un ni l'autre, son époux et elle, ne se verraient de la même façon, à l'issue de cette étrange découverte qu'elle avait finie par faire sur elle-même !

Pour avoir voulu s'assurer que son épouse l'aimerait toujours, Daagan, qui était déjà vieillissant, se figurait qu'en lui offrant une image peu réjouissante d'elle-même, celle-ci lui resterait fidèle et soumise pour toujours et qu'il parviendrait ainsi à la maintenir indéfiniment sous sa coupe.

L'amour qui trompe et qui contraint l'autre au mépris de sa propre personne conduit bien souvent au pire, comme dût l'apprendre à ses propres dépens cet époux abusif.

L'homme sans tête

Nulles ténèbres ne sauraient contenir un cœur pur ! Dieu lui-même viendrait dissiper les ombres pour le ramener à la lumière, s'il le fallait.

Par une froide et sombre nuit d'automne, un crime abominable fut commis dans la contrée éloignée de Wasassi. Une femme qui s'était couchée aux côtés de son époux venait de se faire éventrée pendant son sommeil, sans que ce dernier ne s'en rende compte. Elle fut découverte le lendemain même, baignant horriblement dans son sang, au milieu de ses entrailles effroyablement répandues sur le lit conjugal.

Son mari fut réveillé par l'âcre odeur du sang qui lui emplissait les narines, de façon insistante et, il se mit aussitôt à hurler, en découvrant l'abominable spectacle qui se présentait alors à lui.

Dans un premier temps, l'époux éploré fut soupçonné d'avoir lui-même assassiné sa femme et, de jouer la comédie, en vue de détourner l'attention de ses semblables de cette punissable forfaiture.

Néanmoins, comme l'accusé niait immanquablement les faits, de façon véhémente, et que tous le savaient très épris de son épouse, le doute se répandit rapidement dans les esprits et chaque maison de Wasassi se trouva bientôt plongée dans l'épouvante, en considérant le fait que l'assassin courait peut-être encore.

La population ne dormait plus que d'un œil et des tours de garde étaient même organisés au sein de certains foyers. C'est dans l'un de ceux-ci que mourut une autre femme, quelque temps après, alors que son époux ne dormait pas encore. L'homme entendit son épouse crier et, lorsqu'il se retourna pour voir pourquoi celle-ci poussait un tel hurlement, il était déjà trop tard.

L'époux eut tout juste le temps de voir disparaître, sous ses yeux écarquillés d'horreur, ce qui ressemblait à un corps d'homme, sans tête, tenant une machette argentée, toute étincelante, qu'il faisait continuellement tournoyer dans sa main, tout en s'éloignant. Ce dernier s'évapora soudainement sous ses yeux ahuris, comme de la fumée soufflée par le vent, et l'époux éploré se mit à hurler d'épouvante à son tour.

Dès qu'il put s'exprimer de façon intelligible, l'homme raconta ce qu'il avait cru voir. Le bruit courut bientôt, partout, racontant qu'un homme sans tête s'en prenait méthodiquement aux femmes de Wasassi.
L'oracle du royaume fut aussitôt consulté et décréta que tant qu'une vierge ne serait pas sacrifiée à **_Toku Nonku_**,[41] un esprit tourmenté qui avait assurément besoin d'être apaisé, une femme mourrait à chaque

---

[41] **Toku Nonku** : Orphelin de père et de mère

113

nouvelle lune. Ayalé, une magnifique jeune fille de seize ans, fut choisie à cette fin, dès lors, au grand désarroi de **Lèwassé**,[42] son pauvre fiancé. Celle-ci devait être sacrifiée lors de la célébration du rite abominable qui imposait au peuple de sacrifier une vie humaine afin de conjurer ce sort funèbre, à l'époque.

Néanmoins, avant même qu'Ayalé ne fut confiée au couvent des prêtresses du temple, où nombre de divinités étaient alors honorées, Lèwassé l'enleva et l'emmena avec lui dans la forêt, où il la cacha, bien à l'abri dans une cabane secrète, qu'il s'était construit pour lui-même quelques mois plus tôt. Surprises et dépitées, les prêtresses célébrèrent cette cérémonie tant bien que mal, malgré tout, en sacrifiant momentanément un agneau sans tache à la place de la jeune fille. Toutefois, elles ne manquèrent pas d'alarmer la population en soulignant le fait que, même si le mal semblait avoir été conjuré, momentanément, Ayalé était devenue dorénavant la proie d'un esprit fort maléfique qui la traquerait, indéfiniment, jusqu'aux confins de l'univers, s'il le fallait.

Elles déconseillèrent également à quiconque de lui venir en aide, sous peine de susciter, en retour, la colère de Toku Nonku. Lèwassé, ne l'entendait

---

[42] **Lèwassé** : viens et écoute bien, à nouveau.

pourtant pas de cette oreille et il se promit de tout faire afin de soustraire sa belle à la férocité de cet abominable spectre que tous craignaient désespérément, en ces temps obscurs. Il décida donc de rester auprès de sa fiancée, jusqu'à ce que cette affreuse malédiction soit totalement conjurée. Le jeune homme se mit à réfléchir hardiment à toutes sortes de subterfuges pouvant l'aider à gagner ce combat, qui semblait manifestement perdu d'avance.

Lèwassé savait pertinemment qu'il serait vain de vouloir combattre d'égal à égal dans un tel contexte, puisque son adversaire n'avait, en réalité, rien d'un être humain. Lui tendre un piège s'avèrerait par conséquent très difficile, d'autant plus qu'il ne savait pas grand chose de la véritable nature de son ennemi. Il se rendit dès lors chez le sage **Akonan**,[43] dans les hauteurs de la montagne sacrée du nom de **Mawounan**[44] afin d'en apprendre davantage sur le véritable objet de ses malheurs.

Le sage homme lui expliqua ceci : *« **Toku Nonku était un orphelin malheureux avant de devenir un esprit courroucé, à présent, assoiffé de vengeance. Bien des années auparavant, accusés de sorcellerie, son père et sa mère furent brûlés***

---

[43] **Akonan :** Celui qui a déjà donné

[44] **Mawounan :** Le don de Dieu

vifs sur la place publique et l'enfant, à peine âgé de cinq ans à l'époque, fut confié à l'un de ses oncles.

Malheureusement, le pauvre enfant succomba, quelques mois plus tard, suite à la maltraitance dont il était victime de la part de l'oncle et de sa femme. Ceux-ci s'en prenaient véritablement à lui, à la moindre occasion, l'accusant d'être l'affligeant rejeton à l'origine des railleries qu'eux-mêmes subissaient de la part de leurs congénères depuis la condamnation et la mort de ses parents. Battu, mal nourri et à peine vêtu, l'enfant s'échappa finalement un jour du domicile de ses bourreaux, se cacha dans les bois puis, à la tombée de la nuit, au comble du désespoir, il se rendit sur la place du marché où il se mit à chanter alors d'une voix forte, pénétrante et triste à fendre l'âme :

"Toku Nonku mayin azon mè
Gbèto dida n'mon do gbètchémè
Gbévi, yato dé mannon do houè
Avi n'wa bo ya do gbètchémè
Sè zon mi azo dé hun n'ko wa mè
Miton vi gan diyé wa do hihowè yééé... !"

Voici ce que disait ce chant, en réalité :

"Être orphelin de père et de mère n'a rien de fatal
Avoir la haine aux trousses, tel est le grand mal
Auquel m'assigne le sort sans que nul n'accoure
Pour réparer les torts et me porter quelque secours
Je n'ai recueilli que les vils baisers de la malédiction
Qui me vêt du sombre manteau de la douleur et de l'affliction
Mais voici venue l'heure où, à votre tour, vous vous lamenterez
De n'avoir pas assez d'une paire d'yeux
Pour pleurer sur ceux que vous aimez ..."

L'orphelin chanta continuellement cette complainte d'une voix si poignante et si affligeante, en sanglotant toute une nuit durant, avant de s'éteindre au lever du jour, avec l'espoir de retrouver ses parents dans l'au-delà pour une existence qui, pensait-il, ne pourrait être pire que celle qu'il connaissait déjà.

Cette nuit là, hommes, femmes et enfants se terrèrent chez eux, tout tremblants d'effroi et plus que terrorisés par cette voix d'enfant qui les maudissait du haut de ses sept ans pour tout le mal qui lui fut fait, sans que nul, jamais, n'en prit ombrage. Ils craignaient surtout qu'en l'approchant, ils ne fussent foudroyés sur le champ car, une vieille croyance prétend que lorsqu'un innocent finit par se laisser mourir et crie vers les cieux en demandant réparation pour tout le mal qu'il a pu subir, Hèviosso, le dieu tonnerre, lui-même, se hâtera de venir lui rendre justice au nom du don sacré de la vie ainsi bafouée et insultée. Mieux valait donc ne pas se trouver dans les parages quand cela se produirait, pensaient alors les habitant de Wasassi, honteux et craintifs.

Le lendemain, on enterra l'enfant après l'avoir décapité, en pensant pouvoir ainsi conjurer la malédiction qu'il avait proféré contre ce peuple qui resta étrangement sourd et aveugle à son triste sort. Sa tête fut inhumée dans un lieu secret et son corps dans le cimetière des enfants. Voici d'où provient véritablement la malédiction qui pèse depuis lors sur la tête de ton peuple et qui vient de se déclencher depuis peu. », conclut finalement le sage à l'intention de Lèwassé.

« *Que faire donc pour conjurer ce grand malheur, sage Akonan ?* », interrogea encore le jeune homme, désespéré mais toujours animé par le désir de sauver sa bien-aimée contre vents et marées, quoi qu'il puisse lui en coûter.

«Ce cas est bien singulier, mon enfant ! Je pense que seul un cœur pur pourra rendre à Toku Nonku son âme d'enfant, lavée du mal et des affronts qui l'ont cruellement souillée jadis.», lui répondit alors le vieil homme sans âge qui vivait au calme, dans une grotte sacrée, loin de toute habitation et des vaines agitations. Lèwassé s'en alla, dès lors, après avoir remercié le vieux sage. Malgré le fait qu'il venait d'être instruit du malheur de Toku Nonku, il demeurait cependant encore dans l'ignorance du moyen à utiliser en vue de conjurer définitivement l'impitoyable sort qui condamnait Ayalé à une mort prématurée et, pré annoncée, des plus injustes. Trois misérables jours le séparaient à présent de la prochaine nuit fatidique de pleine lune au cours de laquelle il devrait affronter l'inévitable.

Le brave fiancé rejoignit finalement sa belle Ayalé dans la forêt, néanmoins, sans avoir la moindre idée de la façon de résoudre cette énigme. Il lui raconta toutefois ce qu'il venait d'apprendre du sage, tout en lui promettant de la sortir de ce pétrin, d'une façon ou d'une autre. Une rivière s'étirait alors en contrebas d'une vallée, non loin de l'endroit où ils se réfugiaient, tous deux, leur offrant opportunément la fraîcheur de son doux passage chantonnant.

Chaque jour, Lèwassé allait s'asseoir seul au bord de ce cours d'eau et, dans un coin situé à l'abri de tout regard, il méditait, des heures durant.

Au bout de deux jours passés à rechercher le meilleur moyen pour solutionner cette affaire bizarre dont dépendait la vie de sa promise, il la rejoignit enfin, un mince sourire aux lèvres. Une idée saugrenue venait de germer dans son esprit à vif, et il espérait qu'elle aiderait à ramener la sérénité nécessaire à une vie normale autant à Ayalé qu'à tous ceux qui ne vivaient plus que dans la crainte. Lèwassé demanda alors à sa fiancée de lui fabriquer une perruque, pendant qu'il allait lui-même dénicher des vêtements de femme.

Le soir de la nouvelle lune venu, ils se prirent dans les bras, l'un de l'autre, et échangèrent un long et doux baiser afin de se souhaiter du courage, avant que n'arrive l'esprit tant redouté. Puis ils se couchèrent ensuite, côte à côte. Au milieu de la nuit, le jeune homme sentit une main rude et glaciale se poser sur lui soudainement et, il se retrouva sur le dos, avant même qu'il ne réalisât ce qu'il se passait alors.

Son sang se figea subitement dans ses veines et le jeune homme crut réellement que sa dernière heure était venue. Mais cette vie ne lui servirait plus à rien sans Ayalé à ses côtés, se dit-il aussitôt en se redonnant du courage. Toutefois, dès que la machette de Toku Nonku le toucha et voulut l'éventrer, elle se transforma étrangement en une magnifique canne en or qui retomba lourdement à côté de Lèwassé.

Le brave fiancé ouvrit enfin les yeux et vit l'homme sans tête redevenir subitement un enfant. Celui-ci se mit à lui sourire innocemment, contre toute attente, avant de s'élancer dans les airs pour disparaître aussitôt après, tel un spectre, comme il était venu.

Lèwassé réveilla enfin Ayalé et lui montra la belle canne toute en or qui gisait à présent à ses côtés, avant d'ôter la perruque, les bijoux et autres vêtements l'ayant aidé à se faire passer pour une femme, alors même que Ayalé portait les affaires de son prompt chevalier et qu'un chapeau d'homme dissimulait soigneusement sa belle coiffure féminine.

Lèwassé avait réussi à sauver sa *dulcinée*[45] *du pire,* en réalité, parce que son amour pour elle était si fort qu'il avait décidé de donner sa vie pour elle, sans la moindre hésitation.

Telle fut en réalité la clé de l'énigme face à laquelle tout un peuple tremblait alors, et pour laquelle il aurait continué à sacrifier toujours et encore plus, si nul n'avait osé s'interroger finalement sur la véritable nature et sur l'origine réelle du mal qu'il redoutait tant, à l'époque.

---

45 **Dulcinée** : bien-aimée

La gazelle et le chasseur

Le rapace n'est pas toujours dans l'animal qui ne tue que pour sa survie, il se terre aussi dans le cœur de l'homme qui ne sait se réjouir de l'essentiel et qui reste continuellement à l'affût de toute chose pouvant accroître son insatiable désir de puissance !

Un jour, Hamzalat, un chasseur réputé pour sa grande habileté à s'emparer du gibier se rendit dans la brousse, dès avant l'aube, en quête d'une bonne prise. Son butin pour la journée était quasiment assuré, car l'endroit était riche en faune diverse et variée et l'homme connaissait les environs comme nul autre. Avant même que ne sonnât midi, il n'eut donc aucun mal à tuer une biche, un buffle et même un singe un peu trop jacasseur à son goût.

Hamzalat alla ensuite cacher la biche et le singe dans un repère connu de lui seul, et il protégea le buffle des charognes en amoncelant des branchages feuillues au dessus de l'impressionnante masse étendue au pied d'un arbuste, en sachant qu'il ne pouvait la déplacer sans aide.

Après cela, il mangea un bon morceau de viande fumée et séchée et prit une bonne goulée de foula, à même la calebasse qui lui servait de gourde et qui ne le quittait presque jamais, avant d'aller chercher de l'aide pour le transport du buffle, de la biche et du singe !

Il reprit alors le chemin du retour et marcha pendant deux bonnes heures, en empruntant des raccourcis lui permettant de rallier le village le plus proche en un temps record. Il était sûr d'y trouver des mains secourables et savait aussi qu'il devrait tout de même donner une part du fruit de cette chasse à ceux qui viendraient l'aider.

Hamzalat n'eut aucun mal à constituer l'équipe nécessaire à cette entreprise. Bientôt, deux ânes attelés à une charrette ainsi que trois hommes, des plus robustes, s'avancèrent à sa suite à travers les rudes sentiers de boue séchée, parfois rocailleux ou épineux, qui serpentaient naturellement à travers la savane alors en pleine effervescence printanière. Ils atteignirent enfin le lieu où reposait le corps inanimé du buffle, en plein milieu de l'après midi et Hamzalat, notre brave chasseur, alla chercher, seul, la biche puis le singe, tout en prenant soin de brouiller les pistes, au cas où il serait suivi.

Aux alentours de seize heures, notre petit monde se mit en route pour le retour, bien avant la tombée de la nuit. Il s'agissait d'éviter de passer la nuit au cœur de la savane, sans un abri décent où trouver refuge, à cette époque de l'année où rôdaient inévitablement toutes sortes de prédateurs féroces. Limiter les risques de faire de mauvaises rencontres en tous genres était donc l'une des priorités à l'origine de cette décision.

Toutefois, à mi chemin du parcours, à l'heure où le soleil baigne l'univers dans la douce chaleur appréciable de ses derniers rayons réconfortants, en une invisible caresse qui fait aimer, bénir et chanter la vie, ce petit groupe fit une rencontre étonnante. Hamzalat aperçut subitement, tout comme ses compagnons de fortune, une gazelle qui broutait paisiblement le feuillage d'une plante verte, à flan de coteau.

Il crut tout d'abord rêver tant le spectacle qui se déroulait sous ses yeux était beau et inattendu. La vue de cette gazelle insouciante dans ce paysage étonnant, alliant le vert de la renaissance aux mille et une couleurs vives de la belle savane, invitait pourtant, opportunément, à la détente, à l'admiration et au recueillement de l'être face aux incroyables richesses de la majestueuse Nature ainsi déployée. Au moment fabuleux où l'ombre et la lumière s'entremêlaient, à loisir, pour rehausser toute cette atmosphère unique qui encensait alors le merveilleux, à travers cet instant incroyablement beau et réjouissant, tous se taisaient alors, admiratifs.

Mais, notre grand chasseur fut soudainement inspiré par son instinct de chasseur et surtout par la rapacité ancrée en lui, bien que véritablement saisi et délicieusement pénétré de cet instant merveilleux empli de mystère, de douceur et de grandeur. Aussi, décida-t-il qu'il s'agissait là d'une occasion formidable qu'il ne fallait surtout pas rater.

Hamzalat se disait, au fond, qu'il pouvait profiter de cette occasion pour accroître le nombre de ses proies, puisqu'il disposait de la main d'œuvre utile à leur transport. Il pourrait ainsi, une fois de plus, prouver ses talents de **prédateur**,[46] que nul ne lui contestait d'ailleurs, à ceux qui l'accompagnaient. Hamzalat leur fit donc discrètement signe de se taire et de ne plus bouger.

Il se mit ensuite à progresser de façon leste et admirable en direction de la gazelle, et parvint à moins de dix mètres d'elle, sans que celle-ci ne manifestât la moindre envie de s'enfuir. Assuré du succès de cette tentative entreprise dans l'unique but de magnifier sa réputation, tout en augmentant ses gains, l'habile chasseur se mit enfin en position de tir, banda son arc dans un mouvement de lente mais puissante précision, puis lâcha la flèche ainsi armée en direction de la bête qui était toujours occupée à se nourrir.

Mais, soudain, au lieu de poursuivre sa lancée pour finir par se figer dans le cou de la bête alors visé par le chasseur, cette flèche décrivit subitement un arc étrange, sous l'impulsion d'une force invisible, puis se figea finalement dans le sol, au pied de la gazelle qui se transforma soudainement en un gigantesque cobra royal.

Le terrifiant reptile s'enroula promptement autour du projectile, qu'il propulsa vivement, tel un fulgurant destrier, traversant aussitôt les airs, à une

---

[46] **Prédateur** : chasseur, rapace

vitesse sidérante, en direction du chasseur. Aussi rapide que l'éclair, cette flèche alourdie revint dès lors vers son propriétaire, complètement ahuri et plus qu'incrédule, et s'enfonça dans l'un de ses pieds, pendant que le serpent s'enroulait à présent autour de son corps et finit par enfoncer ses crochets entre ses deux yeux.

Hamzalat n'avait pu s'enfuir, alors, tant il était médusé par la tournure aussi étrange qu'atterrante que prenaient soudainement les évènements. Ceux qui l'accompagnaient prirent aussitôt leurs jambes à leur cou, délaissant tout le butin de chasse derrière eux, sans hésiter.

Moralité : Un bon chasseur doit savoir se saisir et se satisfaire uniquement de ce qui est nécessaire à sa subsistance, et non s'en prendre à tout ce qui lui paraît être une bonne proie de plus, si ce n'est de trop !

L'arbre sacré

Le sacré naît souvent de l'extraordinaire qui relève du mystique !

En quoi un arbre pourrait il bien être considéré comme sacré ? Pourrait-on alors se demander ! Voici donc une histoire des plus étranges en la matière !

Dans la ville de Ouidah, ancienne cité royale parmi tant d'autres, autrefois *inféodées* [47] à l'ancien royaume d'Abomey, se trouve aujourd'hui encore une petite forêt qui est réputée comme étant sacrée. Ce bois protégé porte le nom du très mythique roi Kpassè, qui s'est, dit-on, matérialisé dans un iroko, il y a bien longtemps de cela. L'iroko est en réalité un arbre qui revêt une grande symbolique mystique en Afrique occidentale.

Jusqu'à la fin des années quatre-vingt, ce sanctuaire végétal n'était accessible qu'aux seuls adeptes des cultes vaudous qui y sont pratiqués. Il s'agit d'un ensemble d'arbres multi centenaires, pour la plupart, dont une majorité d'irokos qui recouvrent une surface de moins d'un hectare. Leurs troncs vigoureux et sains sont recouverts d'une belle écorce brune ou grise, selon leur espèce, et leurs branches se rejoignent et s'entremêlent de façon majestueuse, au sommet, laissant à peine filtrer les rayons du soleil vers l'espace qui se déploie également en dessous.

Ce boisseau d'une saisissante beauté est peuplé de petits animaux divers dont des chauves-souris et des lézards, que vont chasser, le soir venu, les pythons

---

[47] **Inféodées** : qui dépendent de

royaux dont le temple se trouve également non loin de là. Ces serpents vénérés par les autochtones reposent tranquillement dans le palais qui leur est dédié et à l'intérieur duquel maints visiteurs, venus des quatre coins du monde, s'en vont les découvrir pendant la journée. Néanmoins, une fois la nuit tombée, à la lueur brumeuse et lunaire de la nuit, ces reptiles se glissent nonchalamment hors de leur prestigieux repaire, pour se fondre dans la nature, en quête de ces proies de choix largement disponibles dans la région.

Parfois, ils font des détours inattendus et finissent au sein des habitations dans lesquelles ils se rendent alors, attirés par l'odeur alléchante d'une souris ou, tout simplement, en quête d'une peau chaude contre laquelle ils pourront se glisser pour se réchauffer.

Ainsi, n'est-il pas inhabituel d'entendre les gens de Ouidah dire qu'ils se sont réveillés un jour en ayant la bonne surprise d'avoir eu un python comme oreiller ! Mais, bien souvent, ces visiteurs imprévus rôdent plutôt dans la forêt sacrée qui croît majestueusement au centre de la ville et qui suscite la fierté et le respect des habitants.

Plusieurs temples dédiés à la célébration de divers rites occultes s'y trouvent encore et servent toujours de lieux de culte privilégiés aux adeptes qui s'y retrouvent. On peut y voir, depuis le milieu des années quatre-vingt dix, diverses représentations d'innombrables divinités du panthéon de l'Afrique occidentale, car ce site a été largement ouvert au public depuis lors.

Cependant, comme toute légende, celle de la forêt sacrée dans laquelle, dit-on, les arbres ne seraient pas que arbres prendra une tournure incroyable, précisément, le 18 novembre de l'année 1988, après qu'un violent orage ait déraciné sept de ces géants protégés et vénérés…

Alors que les ouvriers communaux s'évertuaient à y découper le tronc monumental de l'un de ces arbres sacrés qui venaient de s'effondrer, il se serait produit une chose absolument incroyable. Il paraît qu'ils virent les diverses parties de l'arbre qu'ils venaient de scier se déplacer, toutes seules, pour s'ajuster au tronc, en se soudant naturellement entre elles. Enfin, l'arbre ainsi reconstitué se releva, étrangement, d'un seul tenant, puis il se dirigea résolument vers son emplacement initial et s'y enracina. Les racines de cet arbre s'enfoncèrent ensuite dans cette même terre, d'où elles avaient jailli, quelques jours auparavant, et ses branches feuillues se remirent à danser majestueusement, sous la douce caresse de la brise, comme si de rien n'était.

Le végétal avait tout simplement repris place, sous leurs yeux incrédules et ahuris et, ces témoins privilégiés prirent aussitôt leurs jambes à leur cou, sans demander leurs restes. Les hommes de service, effarouchés, s'en allèrent raconter dès lors l'inimaginable phénomène auquel ils venaient d'assister à leurs employeurs, ainsi qu'à tous ceux qui, autour d'eux, voulaient bien les entendre, aussitôt après.

La rumeur s'amplifia rapidement et, de jour en jour, gagna les confins du Bénin, puis s'aventura bien au-delà.

On pourrait naturellement reléguer ce récit à une hallucination collective, nourrie par l'imaginaire d'un peuple très sensible au monde de l'étrange et de l'ailleurs. Toutefois, cette forêt est classée comme relevant du patrimoine mondial et mérite véritablement le détour, que l'on croit ou non à cette histoire des plus étranges.

Les notables de Ouidah aiment d'ailleurs à préciser que, lorsqu'un arbre sacré tombe, c'est la ville entière qui tremble ; et que les gens accourent aussitôt en nombre de partout pour déplorer une perte aussi regrettable. Une telle chose laisse même parfois augurer du pire. Les initiés cherchent dès lors à conjurer le sort de nature préoccupante qui peut y être rattaché, à travers la célébration des rites sacrés qu'ils estiment alors approprié à la situation.

Telle est la légende que l'on découvre là-bas, étonnamment, en visitant ce singulier haut lieu touristique du Bénin ...

Hilayé, ou Une vie

Et si, en réalité, l'existence lançait un défi particulier à chacun d'entre nous et que la réussite de notre vie ne dépendait, en définitive, que de notre aptitude à nous montrer à la hauteur d'une telle gageure ?

Un homme avait trois garçons et une fille. Les garçons constituaient la fierté de leurs parents, étaient chouchoutés et recevaient en tout la meilleure part. Leur jeune sœur Hilayé subissait la coutume qui voulait qu'elle soit si souvent laissée pour compte, sans pour autant qu'elle se résolut à accepter le triste sort qui faisait qu'elle se sentait toujours reléguée au dernier rang, au sein de sa propre famille.

Consciente de sa situation, Hilayé profita de la chance inespérée qu'elle avait de pouvoir fréquenter l'école et s'y avéra excellente. Ses parents n'eurent donc d'autre choix que celui de la laisser poursuivre ses études, plus tard, étant donné qu'avec les résultats remarquables qu'elle cumulait elle bénéficia également de confortables bourses d'études, aussi bien pour le niveau secondaire que pour son *cursus*[48] universitaire.

Bien qu'ils eussent préféré la marier dès ses dix-huit ans, ses père et mère durent néanmoins lui laisser le loisir de persévérer davantage dans ses efforts. Ainsi, Hilayé obtint finalement le beau diplôme de magistrate auprès de la cour de justice de son pays, dès ses vingt-cinq ans, et elle eut même le choix d'épouser le jeune homme qu'elle aimait.

---

[48] **Cursus** : parcours

Toutefois, pendant qu'elle s'évertuait à allier au mieux les corvées ménagères avec ses études, ses frères se pavanaient de-ci, de-là, imbus d'eux-mêmes et de leurs acquis, se vantant de ce qu'ils hériteraient un jour ou l'autre de tous les biens familiaux.

Ils négligèrent par conséquent leurs études, coururent après les filles tant qu'ils le purent avant de se stabiliser, en se mariant très tôt, et finirent tous sans la moindre qualification acceptable. Ils demeurèrent sans la moindre vergogne à la solde des revenus paternels, ne se gênant même pas le moins du monde, pour critiquer **vertement** [49] leur sœur en toute occasion.

Hilayé, agacée par ce statut quo familial qui érigeait les uns en maîtres absolus et les autres en éternels débiteurs, profita d'une belle opportunité de carrière pour s'en aller le plus loin possible des siens. Toutefois, elle continua d'appeler ses parents, aussi souvent que possible, et de leur envoyer des présents, en maintes occasions qui s'y prêtaient, pour leurs anniversaires ou lors des jours de fêtes traditionnelles !

Ses parents se mirent finalement à regretter d'avoir été si peu attentifs envers leur fille. Sa présence discrète et réconfortante leur manquait véritablement, surtout, en raison de l'attitude affligeante de leurs trois

---

[49] **Vertement** : rudement ; crûment, méchamment

fils qui se montraient décidément incapables de se prendre en charge sans leur secours. Ils offrirent à chacun de ceux-ci une maison et un fonds de commerce, en vue de leur permettre d'initier, chacun, un bon départ dans la vie active. Cependant, quelque temps plus tard, ils réalisèrent à leur grand désarroi que l'un avait déjà fait faillite ; que l'autre n'en était pas loin et que le dernier était soupçonné d'abus de confiance et d'association de malfaiteurs dans le cadre d'une affaire qui fut rendue publique.

Hilayé fut alors sollicitée dans le but de voler au secours de ses frères. Elle parvint à limiter les dégâts, en épargnant la honte et les désagréments liés à l'emprisonnement à celui d'entre eux qui était alors accusé de corruption, grâce aux bons services d'un avocat réputé pour sa grande efficacité. La magistrate qu'elle était souffrait véritablement de cet état de chose, d'autant plus que son propre frère était bel bien trempé dans cette sale affaire jusqu'au cou.

Néanmoins, la sœur qu'elle était ne pouvait se défiler, sans oublier qu'elle voulait décemment éviter le grand chagrin de la disgrâce et les vains regrets qui s'ensuivraient à leurs pauvres parents. Quant aux frères, essayant de se donner bonne conscience, ils se mirent dès lors à travailler de façon occasionnelle et peu soutenue, dans l'unique but de sauver la face.

Cependant, leurs parents continuèrent à entretenir financièrement ces grands garçons, ne pouvant supporter de les voir toucher le fond. Aveuglés par une vision emblématique et bien opaque des choses, ceux-ci restèrent persuadés que leurs fils, dignes fruits de leur union, seraient les seuls à même de les secourir, plus tard, au moment où ils flirteraient allègrement avec la vieillesse, malgré la flagrante vérité qui leur hurlait pourtant le contraire à en assourdir toute une foule.

Sans doute portés par l'espoir de cette belle illusion dont ils ne voulaient pas vraiment se défaire, ils firent comprendre à leur fille qu'elle n'avait rien à attendre de l'héritage familial, puisque ses frères demeuraient leurs principaux héritiers légitimes et que, de surcroît, en raison des piètres positions sociales dont bénéficiaient ces derniers, cette décision était largement justifiée.

Bien qu'elle n'eût jamais convoité une quelconque part de l'héritage familial, Hilayé fut tout de même déçue par le manque de tact dont usèrent alors ses chers parents, sans parler de l'égarement dans lequel ils persistaient à s'emmurer, dès lors qu'il était question de leurs grands garçons.

Elle savait qu'aucun héritage ne suffirait réellement à sortir ses frères d'affaire, en définitive, sans une véritable prise de conscience qui leur permettrait de se remettre en cause de façon conséquente. Malgré tout, comme sa parole semblait dépourvue de la moindre valeur aux yeux de tous, Hilayé dut se taire et accepter cette décision, de façon *magnanime.*[50]

Malheureusement, ses frères, trouvant trop long le temps qui les séparait indéfiniment de la prise de possession de leur part d'héritage, complotèrent ensemble en vue d'éliminer leur pauvre père qui, pourtant, avait tellement cru en eux ! Celui-ci échappa de justesse à cette tragédie grâce à sa fille qui, le sachant malade, l'avait fait soigner par les meilleurs spécialistes du moment, qui conclurent de façon unanime à l'empoisonnement.

Une fois remis, le père n'eut d'autre choix que celui de réaliser qu'il venait d'être victime d'une intoxication à l'initiative de ses propres fils, sa pauvre femme ayant d'ailleurs succombé à cette même tentative.

Toutefois, leur père continua à les traiter de façon décente, n'ayant pas le cœur à les désavouer, publiquement, ni la force de s'avouer véritablement ses propres égarements. Parce qu'il se refusait à voir la réalité en face, il continua également à considérer sa

---

[50] **Magnanime** : généreux ; compréhensif ; utilisé ici dans le sens de : sans animosité

139

fille comme une créature de second ordre, simplement en vertu de la coutume **rébarbative**[51] qui décrétait alors que, une fois mariée, la femme n'appartenait plus vraiment à sa famille d'origine. Raison pour laquelle de nombreux parents s'investissaient d'ailleurs très peu dans l'attachement qu'ils portaient à leurs filles. Ce père en oublia vraisemblablement que son propre sang coulait également dans les veines de sa fille, sans parler des innombrables services et bienfaits dont celle-ci avait toujours gratifiés les siens. Hilayé aurait beau décroché la lune pour eux, que ses parents ne l'auraient pas mieux considérée, du fait qu'ils estimaient qu'en se mariant elle avait déjà rejoint un autre arbre généalogique, malgré toutes les manifestations de son attachement envers sa famille.

Un jour, bien des années plus tard, quand sonna enfin l'heure de son départ vers l'au-delà, le père d'Hilayé fit immanquablement le bilan de sa propre existence. Il se rendit compte enfin, mais bien trop tard, de toutes les opportunités manquées, de toute cette affection contenue qu'il n'avait jamais su dispenser à sa fille et, surtout, de l'essentiel. Autrement dit, il réalisa à quel point sa propre destinée aurait pu servir à sa fille pour lui permettre d'aider ses frères à se

---

[51] **Rébarbative** : ici, arriérée ; rétrograde

construire, grâce à la grande maturité d'esprit dont elle faisait toujours preuve, sans oublier l'indéniable sens du devoir et la belle générosité de cœur dont elle était pourvue.

Cependant, ce père, trop asservi à une tradition aveugle et inéquitable, avait malheureusement omis d'accorder la confiance nécessaire à cette fin louable à sa propre fille, sans avoir jamais osé la reconnaître à sa juste valeur au sein de cette famille aux pratiques discutables, par pure **misogynie**[52].

Il se souvint néanmoins, mais bien trop tard, que lorsqu'il avait consulté le devin à la naissance de sa fille, conformément à la tradition alors en vigueur, l'oracle lui avait clairement signifié qu'Hilayé était une fille qui en valait dix et, qu'à elle seule, cette enfant valait également quantité d'hommes réunis ! Aussi les seuls mots qui traversèrent finalement les lèvres du père au moment où il rendit l'âme furent-ils, étrangement : *« Hilayé, ma fille …! »* Cri de regret, de reconnaissance ou de repentance … ? Le saura-t-on vraiment, jamais !

Une fois les funérailles du père terminées, chacun s'en alla promptement de son côté. Hilayé repartit vers son époux et ses enfants, sans avoir jamais rien exigé de l'héritage familial que ses frères

---

[52] **Misogynie :** sexisme donnant la préférence à l'homme, au détriment de la femme.

convoitaient tant, et elle ne revint plus non plus dans son pays natal, depuis lors !

Ses frères se partagèrent hâtivement les biens de leur défunt père, comme prévu, mais chacun sait ou peut aisément s'imaginer ce qu'ils en firent et ce que furent leurs vies, en définitive !

Une vie vaut pour ce dont elle s'étoffe, en réalité, et pour ce vers quoi elle tend résolument et non pour ce à quoi on voudrait la réduire, obstinément. Chaque vie mérite d'être respectée, par conséquent ! Aussi, est-il vain d'attendre d'être au seuil du trépas, pour réaliser qu'on n'a pas su, ou pu, prendre une meilleure part à l'édification de l'existence de celles et de ceux qui nous sont chers, uniquement, parce que l'on s'en est abstenu par pure convenance ou par simple obstination.

Ce conte est dédié à toutes celles et à ceux qui ont combattu ou qui font encore face aux idées reçues qui brisent bien des vies, à défaut de leur donner des ailes pour un bel envol, afin qu'ils persévèrent et qu'ils croient toujours en eux, en la force de vie qui, en eux et à travers eux, voudrait se révéler et s'épanouir majestueusement.

L'énigme du roi fou

Il ne suffit pas d'être sage pour répondre à la folie d'un roi ! Seule l'intelligence du cœur nous préserve parfois du pire, lorsque nous pensons avoir déjà épuisé toutes les ressources du bon sens.

Dans le bon royaume de l'Altar Kazar, se trouvait un roi immensément riche et extraordinairement puissant, qui se sentait néanmoins incroyablement malheureux. Ce roi, du nom de Varoum Fitoum, s'ennuyait à mourir, ne trouvait rien à son goût et ne se réjouissait plus vraiment de rien.

Conseillers, pages, et même le fou du roi ne savaient plus que faire pour l'intéresser et lui pour lui plaire, ne serait-ce qu'un tant soi peu. Au fil des jours, nul ne parvenant à sortir le roi du triste ennui qui emplissait alors son existence d'un vide incommensurable, celui-ci s'enferma progressivement dans un état dépressif tel, qu'on eût dit, qu'il en devenait fou.

Le roi Varoum Fitoum devint donc si irascible que, nul n'osait l'approcher dès lors, sans craindre les éventuelles *affres* [53] pouvant résulter de l'humeur exécrable qui le symbolisait dorénavant. Puis, un beau jour, quand il bascula un peu plus dans cette innommable *démence*[54], il convoqua tous les sages du royaume et leur demanda, le plus naturellement du monde, de lui cueillir l'aurore, sous peine de mort. Il

---

[53] **Affres** : tourments ; conséquences fâcheuses
[54] **Démence** : folie

annonça encore que, tous les deux ans, il interrogerait l'un d'eux qui devrait répondre à sa requête ou périr alors, à commencer par les plus âgés, également sensés êtres les plus éclairés.

Malheureusement pour eux, nombre de sages périrent au cours de cette poursuite d'un idéal intangible et vraisemblablement absurde que nourrissait alors le roi, sans véritable espoir de survie pour les suivants.

En ces temps-là, mieux valait donc ne pas avoir été reconnu comme étant un sage et beaucoup évitaient dorénavant de se rendre à la cour, ne voulant nullement s'exposer aux désirs capricieux de l'incontrôlable souverain de l'Altar Kazar. Cependant, en sachant que son tour viendrait inévitablement aussi, un homme du nom de Beltalbor Hoz, s'était penché sur la requête apparemment insensée du roi, dès le début de cette triste histoire, y employant quasiment tout son temps, afin de pouvoir répondre rapidement à cette énigme pratiquement insoluble. L'homme chercha le sens probable de ce que pouvait véritablement symboliser l'aurore pour le roi Varoum Fitoum, se demandant comment associer une chose *tangible*[55] à une notion aussi *abstraite,*[56] sans trop dénoter.

---

[55] **Tangible** : palpable ; réelle

[56] **Abstraite** : en dehors de la réalité

Habile et rusé comme dix, notre homme se rendait alors au palais de façon régulière, en toute discrétion, en vue d'y prendre des nouvelles du roi. Il se renseignait pour cela auprès de divers serviteurs proches du monarque, donc au plus près de la racine de cette intrigue. Selon la plupart des personnes interrogées, seule la présence des enfants était tolérée par le roi qui, pourtant, continuait à mener les affaires du royaume d'une main de fer, tout en restant d'humeur versatile par ailleurs. Beltalbor Hoz en conclut dès lors que le roi était probablement en quête de ce qui lui permettrait de se révéler enfin pleinement à lui-même et il réalisa également que le roi Varoum Fitoum n'était pas encore complètement aliéné.

Or, cet homme doté d'une grande sagesse avait une fille d'une beauté hors pair et d'une douceur incroyable, sans parler de sa présence éblouissante. De bonne éducation, elle était plutôt discrète et n'apparaissait guère dans les lieux publics où se pressaient, habituellement, les jeunes filles de son âge, en quête de l'éventuel élu de leur cœur. Cette sublimissime beauté se nommait Selma Lakta et elle aimait assister ses parents dans l'art d'user des vertus des plantes médicinales au cours de la préparation d'innombrables remèdes efficaces et fort utiles au bien-être de leurs semblables. Un jour, en voyant sa fille occupée à récolter certaines herbes rares à ses côtés, dans un pré, Beltalbor Hoz réalisa qu'il détenait, sûrement-là, l'impensable réponse à la surprenante demande du roi Varoum Fitoum.

Toutefois, il devrait y répondre de manière toute aussi étonnante, s'il voulait relever avec brio ce défi face auquel beaucoup avaient déjà échoué, bien auparavant. L'homme récolta méticuleusement quantité de fil de soie ; des corbeilles entières de pétales de roses offrant une belle teinte nacrée, ainsi que des bleuets d'une grande fraîcheur. Il réussit ensuite à tisser une toile, aussi douce et légère qu'un nuage avec les fils de soie, et il en tira une belle robe longue et vaporeuse.

Selma Lakta était si belle qu'on l'eut cru irréelle, une fois revêtue de cette magnifique robe, à la fois fluide et couvrante. Une couronne de roses achevait de rendre la jeune fille tout à fait féerique, comme si on l'avait momentanément sortie d'une légende. Son père l'emmena donc voir le roi dès l'aube, au moment où le soleil s'apprêtait à inonder la nature qu'il revêt alors de sa plus belle splendeur.

Alors que le roi s'avançait dans les jardins du palais royal pour y faire ses étirements matinaux, il aperçut Selma Lakta qui rêvassait paisiblement, debout, au pied d'un beau **flamboyant.** [57] Le monarque surpris de se trouver soudainement devant

---

[57] **Flamboyant** : magnifique arbre tropical aux fleurs rouge

une telle apparition, au beau milieu de son jardin, en resta véritablement béat d'admiration.

Face à cette créature qui semblait venir de nulle part et qui, auréolée des premières lueurs naissantes du soleil, apparaissait réellement rayonnante de vie, sublimant tout ce qu'il tenait pour beau avant de l'avoir vue, il demeura un instant sans voix. Le roi s'avança finalement vers la magnifique fille du sage dont il ignorait l'existence jusqu'alors et, Selma s'agenouilla aussitôt avec grâce et ferveur, dès qu'elle l'aperçut.

« Sire, n'est-ce pas là que se trouve en vérité la réponse à votre énigme ? », s'enquit subitement une voix qui le tira momentanément de l'émerveillement dans lequel il se trouvait alors.

« N'est-ce pas là l'aurore véritable que vous espériez, ô mon Roi ? » lui demanda alors Beltalbor Hoz qui, dissimulé dans un coin du jardin, fut témoin de l'émoi indéniable du souverain face à la beauté et à la fragilité toute vertueuse que dégageait naturellement sa fille, qu'il avait ainsi parée dans l'espoir de satisfaire et d'honorer la volonté du souverain.

« Absolument, mon cher ami ! Voici mon Aurore, L'aube à laquelle je voudrais suspendre le restant de mes jours, ma quête véritable qui commence seulement en ce divin moment. Merci à toi, Beltalbor Hoz, sage d'entre les sages,

d'avoir su répondre à ma demande de façon si ingénieuse et si admirable. »

Depuis lors, on ne vit plus jamais le roi Varoum Fitoum se montrer d'humeur maussade ou massacrante. Il épousa Selma Lakta, sept jours après cette rencontre, et l'établit aussitôt comme reine.

Dorénavant, en la présence de la nouvelle reine, dont le père sut éviter à nombre de sages de périr d'une façon si déplorable, tous, hormis le roi, se prosternèrent pour la saluer.

Le mépris

Si le rire traduit l'épanouissement de l'être, rire de tout est non seulement idiot mais peut s'avérer tout autant dangereux.

Dans la lointaine contrée de *Wakpami,*[58] une jeune fille du nom de Tchégnon[59] prenait souvent un malin plaisir à s'amuser au détriment des autres. Elle riait de tout et de rien, non parce qu'elle était simplette mais, bien au contraire, parce qu'elle aimait humilier ceux qui lui déplaisaient, s'ils avaient le malheur de croiser son chemin.

Tchégnon était une jeune fille plutôt jolie qui eût pu être charmante, si elle n'avait pas ce mauvais penchant qui la poussait à toujours vouloir ridiculiser autrui dans l'unique but de mieux se faire valoir. Elle avait réussi à se constituer un cercle d'amies qui s'empressaient d'accéder à ses moindres désirs, sous peine de devenir, à leur tour, ses cibles privilégiées.

Tous savaient, selon un vieil adage qui courait alors, qu'à force de rire de tout on finit par ne plus savoir pourquoi l'on rie finalement, ni même comment rire vraiment. Toutefois, Tchégnon ne se sentait pas du tout concernée par ce qu'elle prenait pour des fadaises provenant sûrement alors des affabulations d'un esprit dérangé. On savait également que les nains étaient des personnes respectables, d'autant plus que la tradition les élevait même au rang d'êtres surnaturels.

---

[58] **Wakpami** : Viens me louer, me glorifier, me reconnaître

[59] **Tchégnon** : la privilégiée

On ne devait donc ni les regarder de façon étrange, ni les railler du fait de leur petite taille.

Mais un jour, une célébration traditionnelle rassembla nombre de personnes, d'ici et d'ailleurs. Alors que la fête battait son plein et que l'allégresse se lisait dans les yeux de la plupart des gens, certains jeunes gens du royaume, qui s'étaient réunis sur la grande place, virent venir vers eux deux bonshommes de petite taille. A travers ces festivités, la population de Wakpami remerciait en réalité la Nature, en fin de saison, pour lui avoir accordé une récolte abondante.

Presque tous tâchèrent d'accueillir les nouveaux venus, comme cela se devait, sauf la belle Tchégnon qui trouva, là encore, une nouvelle occasion de se mettre en avant. Elle ne put manifestement pas s'empêcher de les héler ainsi d'un air *narquois*[60] et sur un ton plus que dédaigneux :

« Bonjour à vous, misérables gnomes venus des tréfonds de l'abîme du monde perdu où nul, jamais, ne voudrait se perdre ! Voyez comme ils sont laids, retenez moi donc pour que je ne m'étouffe point de rire, car il me semble bien que, je n'ai pas assez d'une bouche pour m'esclaffer, face aux abjects[61] phénomènes que voici ! »

---

[60] **Narquois** : moqueur

[61] **Abject** : abominable, infecte

A ces mots, ses camarades se regardèrent aussitôt d'un air ahuri, ne pouvant en croire ni leurs yeux, ni leurs oreilles ! Ils n'auraient jamais pensé qu'elle irait aussi loin dans la cruauté. Aussi, certains d'entre eux essayèrent-ils, discrètement, de lui intimer le silence, en s'apposant alors un index sur la bouche, de façon explicite.

Néanmoins, Tchégnon se sentit davantage pousser des ailes et, mue par la volonté de prouver à tous qu'elle était bien au-dessus des idées aliénantes dont ils se satisfaisaient, eux, elle alla jusqu'à se baisser à hauteur des arrivants et se mit à imiter leur démarche un peu claudicante, en ricanant bruyamment. Les deux inconnus la regardèrent sans mot dire, l'espace d'un instant, l'applaudirent ensuite, d'un air navré, puis ils s'en allèrent, enfin, aussi tranquillement qu'ils étaient venus.

Tous ceux qui avaient assisté à cette scène des plus navrantes maugréaient à présent après Tchégnon dont l'impolitesse, disait-on alors, avait atteint un summum. Toutefois, à la surprise générale, cette jeune fille outrancièrement méchante et médisante ne put se redresser lorsqu'elle le voulut, après le départ des deux étrangers qu'elle achevait d'imiter de façon dédaigneuse et grossière. Elle essaya de parler et, ne pouvant émettre le moindre son, se mit alors à pousser d'horribles grognements sourds, tout en gesticulant de façon piteuse.

Les gens accoururent aussitôt de partout pour la voir ainsi réduite à un état bien pire que celui de tous ceux dont elle se moquait, jadis. Tchégnon s'était maintenant prostrée, telle une bête de foire, se traînant presque à quatre pattes, alors qu'une deuxième bouche semblait s'être étrangement greffée à la première, en peu de temps, juste au-dessous de son menton. Cette jeune fille dont l'aspect à présent immonde contrastait fortement avec sa beauté initiale était devenue si méconnaissable que, mêmes ses amis auraient douté qu'ils se trouvaient bien en sa présence, s'ils n'avaient été les témoins avérés de cette subite et étrange métamorphose.

Les parents de la malheureuse vinrent la chercher et la ramenèrent rapidement chez eux, en vue de la soustraire à la curiosité de la foule innombrable de gens venus voir, de leurs propres yeux, ce phénomène incroyable dont il serait dorénavant question de génération en génération. Tchégnon ne vécut plus qu'en étant recluse et cachée, dès lors, telle une affreuse créature dont les regards curieux voulaient constamment se repaître, probablement en vue de mieux se rendre compte de **"leur propre chance"** !

Ce jour là, le peuple de Wakpami rendit effectivement hommage à la terre pour sa fertilité et pour sa générosité mais, il ne put se réjouir plus longtemps car, pour avoir outrageusement méprisé et insulté la vie, l'une de ses filles venait de se faire condamner par la loi universelle qui régit toute chose existante au sein du cosmos.

Le véritable héros de la vie est celui qui agit avec le cœur et qui pense avec une belle sagesse, en reflétant ainsi la noblesse naturelle de ceux qui n'ont nul besoin de faire trembler autrui dans l'unique but de se croire plus grand.

L'innommable ignominie

Que peut-il donc y avoir de pire que le pire, si ce n'est l'innommable ignominie par laquelle on réduit délibérément au criminel silence ceux qui ne sont déjà plus que souffrance ?

(Cette histoire est déconseillée aux personnes âgées de moins de 10 ans)

Un jour, un homme invita une fillette qu'il connaissait bien, puisqu'il s'agissait de sa propre nièce, à le suivre afin de lui faire découvrir une surprise. Il entraîna rapidement la fillette qui s'appelait Isbath dans les bois, à l'écart de toute habitation et de tout regard indiscret, et lui tint sournoisement ce discours mielleux :

- Petite et merveilleuse Isbath que j'aime de tout mon coeur, sais-tu ce qu'il y a de plus délicieux encore que tous les bonbons que je t'ai déjà donnés ?

- Non, mon oncle, que peut-il bien y avoir de meilleur que les inégalables douceurs auxquelles vous m'avez habitué ?

- Si tu veux le savoir, mon enfant, ôtes donc ta belle robe, ainsi que tous tes vêtements, puis couche-toi là et ferme les yeux. Tu ne les rouvriras que lorsque je te le dirai ! lui intima alors l'oncle, le regard brillant de malice et un sourire d'ange perché sur ses lèvres, afin de mieux amadouer l'enfant. Celle-ci crut véritablement que les yeux luisants de celui qui s'était montré si généreux envers elle, bien des fois auparavant, reflétaient effectivement la joie de lui offrir une nouvelle surprise qui la réjouirait au-delà de toute attente et lui obéit donc, sans plus attendre.

Mais, l'instant d'après, la petite tomba soudainement en syncope sous l'effet d'une douleur fulgurante, si insupportable qu'elle en perdit le souffle, et ne souhaita plus se réveiller pour connaître à nouveau cette horrible sensation. L'homme avait pesé de tout son poids sur l'enfant et lui avait volé son innocence, sa dignité, ainsi que tous ses espoirs, en moins de temps qu'il n'en fallait pour le dire. Il l'abandonna ensuite, alors qu'elle était encore inconsciente, et s'en alla se fondre dans la masse de ses semblables, comme si de rien n'était.

La fillette se réveilla un quart d'heure plus tard avec une désagréable sensation de douleur qui lui ravageait le bas du corps. Son ventre était encore contracté sous l'effet de l'ignoble agression qui l'avait paralysée, tout entière, et tout son petit corps tremblotant témoignait tristement de l'inacceptable violence qui venait de lui être faite. L'enfant s'accroupit finalement, tant bien que mal, et se mit à sangloter en voyant son entrejambe recouvert de sang.

Ce jour-là, le manteau de l'innocence céda alors la place à celui de la terrible honte, qu'accroît l'effroi qui s'installe, inévitablement aussi dans l'esprit des êtres ainsi avilis et abominablement meurtris. La victime se mit à s'en vouloir pour n'avoir pas compris plus tôt les véritables désirs de cet homme vil et sournois qui se prétendait pourtant un être de bien. Pendant ce temps, l'ignoble personnage se pavanait et paraissait en société, en se montrant plus respectable que jamais.

Une vieille femme qui passait par là s'occupa de la fillette qui lui raconta sa mésaventure, sans pouvoir s'arrêter de pleurer. La femme la ramena chez elle, de l'autre côté de la forêt, la soigna puis la reconduisit auprès de ses parents le lendemain, après qu'elle se fut reposée. Fallagaïa était le nom de cette même vieille dame qui secourut l'enfant. Elle expliqua au père et à la mère d'Isbath que leur fille s'était perdue dans la forêt et qu'elle l'avait recueillie chez elle, en attendant de la ramener vers les siens, le lendemain, comme il faisait déjà nuit. Puis, à la mère de la fillette qui la raccompagna jusqu'à l'orée du bois, confuse et infiniment reconnaissante, elle confia les malheurs de la petite fille.

Toutes deux savaient pourquoi, en réalité, elle n'en n'avait rien dit devant le père, car celui-ci aurait probablement considéré sa propre fille comme une impure et l'aurait envoyée en servitude auprès d'une vieille tante ou, pire, l'aurait abandonnée à des inconnus en contrepartie de quelque bien.

Selon la tradition, les gens de Banikoumba considéraient alors les filles déflorées en dehors du mariage comme des personnes indignes qu'ils traitaient, par conséquent, sans le moindre égard. La mère d'Isbath savait de ce fait qu'elle devait garder le silence. Elle recommanda également à sa fille de ne jamais en piper mot à quiconque, comme l'avait déjà compris Fallagaïa si, elle ne voulait vivre dans la misère, loin des siens.

La mère entoura sa petite fille d'une grande attention et lui manifesta une tendresse décuplée. Néanmoins, la petite fille tomba gravement malade, seulement quelques jours après cette terrible mésaventure durant laquelle elle mesura pleinement la noirceur de l'âme humaine, face à l'ignominie dont elle fut victime.

Elle ne pouvait comprendre comment l'un de ses proches qui se disait l'un de ses bienfaiteurs avait pu lui mentir et la trahir avec autant d'assurance, pour la faire basculer irrémédiablement dans une si grande souffrance.

Isbath se mit soudainement à délirer, au bout de quelques jours d'une fièvre tenace et incontrôlable, et ne pouvait plus tenir de propos cohérents. Elle se retrouva rapidement sous l'emprise d'un trouble proche de la démence, son esprit ne pouvant plus comprendre ni admettre la nature du forfait qu'elle avait subie.

"Lorsqu'on on aime les autres, on ne les trompe pas, on ne les maltraite pas !" Telle était la seule évidence contre laquelle venait buter sans cesse l'esprit meurtri et tourmenté de la fillette, alors qu'elle était encore agonisante. Une évidence si contradictoire avec ces faits si cruels, qui l'accablaient tant, qu'elle se

refermait indéfiniment sur le cercle de l'absurde vérité qui faisait basculer Isbath, tour à tour, du doute au déni, puis du déni à la honte qui la ramenait, bien évidemment aussi, à *l'affligeante*[62] haine de sa propre existence.

Les parents de la fillette consultèrent finalement le devin de Banikoumba dans le but de s'enquérir de l'origine et de la nature du mal dont souffrait véritablement leur enfant, en espérant obtenir le remède nécessaire à sa guérison, par la même occasion. Celui-ci leur déclara alors ceci :
- Votre fille Isbath a été conduite trop tôt et bien trop loin sur les tumultueuses rives du terrifiant torrent au cours irréversible ! Baignez-la vite à la source du fleuve sacré nommé Sinwiwé, à l'orée du jour, et elle recouvrera alors santé et sérénité. Effectivement, la fillette ne souffrit plus des troubles du comportement et du langage dont elle était alors atteinte, une fois ce rituel accompli, peu de temps après le début de ce cérémonial. Pourtant, elle s'endormit enfin, définitivement, pour ne plus se réveiller du tout, au bout du troisième jour.

---

[62] **Affligeante :** triste ; déplorable

Fallagaïa apprit l'affreuse nouvelle, comme tant d'autres, et elle se rendit aux obsèques de l'enfant, afin de lui rendre un dernier hommage. Au cours des cérémonies funèbres, elle vit aussi celui qui avait abusé de l'enfant disparue, d'une façon si cruelle et si ignoble et qui l'avait assurément condamnée à mort alors, se comporter comme le meilleur des hommes.

L'homme pleurait alors la fillette, autant que tous ses proches, tout en sachant pertinemment qu'il n'avait décemment pas sa place auprès d'eux, étant donné qu'il était en réalité la véritable source de leurs malheurs. L'homme peu scrupuleux alla jusqu'à émettre des propos fort désobligeants à l'encontre des parents ; leur faisant remarquer que grâce à une bonne surveillance la fillette serait assurément encore en vie, car elle n'aurait pas disparue alors et n'en n'aurait jamais souffert au point de finir par en mourir !

La Fallagaïa s'approcha opportunément de lui, alors, et fit comme si elle se parlait à voix haute, sans s'en rendre compte :

- Quel malheur, voici une petite qui aimait tant la vie et qui en appréciait les douceurs autant que ma petite fille, mais qui n'y goûtera plus dorénavant…Quelle tristesse ! Que Dieu protège nos petits !

- Que Dieu nous protège ! répondit également l'homme avant de lui demander :

- Vous connaissiez donc ma nièce, Isbath ?

- Et comment ! Elle était aussi gourmande que ma petite Sissy qui aura bientôt dix ans, comme Isbath, si cette pauvre enfant vivait encore.

- Ah, oui ? Et où habitez-vous donc, chère madame !

- De l'autre côté de la forêt, juste avant de croiser le chemin qui mène à la rivière.

- Me permettrez-vous de vous rendre visite, quelque fois, peut-être pourrions-nous alors évoquer ensemble le souvenir de ma chère nièce, à présent disparue ?

- Avec grand plaisir, cher monsieur ! lui répondit la vieille dame qui *l'exécrait,*[63] en réalité, en son for intérieur mais, qui faisait mine de l'apprécier, dans l'unique but de ne pas éveiller les soupçons du gaillard. Quelque temps après cet échange, l'homme toqua effectivement à la porte de la Fallagaïa, les poches remplies de friandises et demanda à voir la nièce de celle-ci.

- Oh ! Comme c'est aimable à vous d'avoir pensé à ma nièce ! Malheureusement, elle est en visite chez l'une de ses tantes et ne sera de retour que la semaine prochaine. Ils discutèrent néanmoins de tout et de rien, puis évoquèrent également le souvenir de la petite Isbath, récemment décédée. Puis, l'oncle de la fillette disparue s'en alla en promettant de revenir voir la Fallagaïa et sa nièce dans une semaine.

---

[63] **Exécrer** : haïr au plus haut point, sans commune mesure

La Fallagaïa qui était dotée d'insoupçonnables pouvoirs magiques se transforma en une fillette docile et gourmande en vue d'accueillir cet homme ignoble, lorsqu'il reparut, comme promis, quelques jours plus tard. Elle le salua gentiment et lui expliqua que sa grand-mère avait dû s'absenter afin de se porter au chevet d'une parente mourante, à une centaine de lieues de là.

L'oncle d'Isbath entrevit aussitôt, là, une formidable opportunité de réitérer ses vils forfaits. Il offrit aussitôt à l'enfant des friandises, plus exquises les unes que les autres, avant de lui proposer de l'accompagner un peu plus loin, si elle voulait goûter au nectar des nectars caché par lui dans un lieu secret. La fillette hésita un instant, mais ses yeux brillants de convoitise témoignaient du vif intérêt qu'avait suscité en elle la possibilité de découvrir d'autres merveilles.

Bien que l'oncle abusif interprétât ce regard comme étant celui d'une insatiable gourmande, doublée d'une proie naïve, la vieille dame métamorphosée en petite fille jubilait, au fond d'elle-même, en attendant le moment précis où elle lui rendrait enfin la monnaie de sa pièce.

La fillette suivit gaiement l'homme, dès lors, et ils parvinrent bientôt en un lieu que celui-ci estima parfait pour ses plans obscurs.

L'homme invita donc celle qu'il pensait déjà avoir amadouée à se dévêtir, à s'étendre par terre sur un lit d'herbes, puis à fermer les yeux jusqu'à ce qu'il lui ordonne de les rouvrir, selon le rituel bien rôdé qu'il avait élaboré auparavant et, bien malheureusement, déjà expérimenté avec succès.

Cependant alors qu'il avait déjà baissé son froc et s'apprêtait à abuser de celle qu'il prenait réellement pour une enfant naïve, à la merci de ses malsains désirs, la Fallagaïa se métamorphosa subitement, cette fois-ci, en un terrifiant dragon. Elle lui ravagea alors la moitié du visage d'un souffle puissant et brûlant, puis elle arracha aussi l'objet insatiable qu'il voulait satisfaire, une fois plus, de façon vile et basse.

Le dragon justicier accrocha ensuite ce pitoyable trophée, tout sanguinolent, à l'oreille droite de l'être malfaisant qui voulait déjà sévir à nouveau, avant de le laisser s'en aller. Haletant de douleur et plus qu'affolé, l'oncle malveillant se traîna, dès lors, tant bien que mal, vers son lieu d'habitation.

L'homme se traîna finalement sur la place du village, du mieux qu'il put, gémissant et confessant à tous ceux qui passaient par là qu'il n'était qu'un abominable criminel qui venait d'être puni par la Fallagaïa pour avoir abusé de la petite Isbath de façon traître et ignoble.

Larmes de tristesse pour Isbath

Une larme brille de tristesse aux coins de ses yeux

Mais toi prie, oui prie, le regard tourné vers les cieux,

Si tu croises l'enfant dont le silence supplie

Le maître du destin pour qu'enfin se plient

Les mains qui brisent les os si fragiles

Et pour que se taisent, à jamais,

Ces mots qui tuent l'enfance et l'âme avec violence !

Elles ne brillent plus les étoiles au fond de ses yeux tristes

Elles ne chantent plus l'espoir profond qui animait chacun de ses rires

Elles se sont éteintes sous le souffle de l'ignoble et veule pitre

Qui mime la joie pour mieux servir l'incommensurable gouffre du désespoir

Mais toi prie, oui prie, le regard tourné vers les cieux

Si tu croises l'enfant dont le silence supplie ceux qui passent

Pour que jamais plus l'horreur innommable n'embrasse,

Ne viole, ni ne fracasse ses vœux les plus pieux

Et ne le crucifie sur la table des terribles aveux

Que confesse le geste abominable qu'elle n'ose plus se rappeler

Tant la tristesse mêlée à la douleur l'empêche de se libérer !

Plus de larmes de tristesse qui brillent aux coins de ses yeux malheureux

Quand l'univers nous invite tous au grand festin des bienheureux !

Plus de croix de torture sur la route des petits malmenés

Pour que survive la malsaine joie des misérables damnés !

Alors souris et prie, chaque fois que tu croises un regard heureux,

Pour que plus jamais ne se cachent pour mourir les nobles enfants de la terre,

Les petits de ce monde et tous ceux qu'on voit terriblement malheureux !

Les heures glissent et jamais ne mentent

Sur nos soifs inassouvies qui toujours s'épanchent

Dans le creux du désir qui nous nargue en puissance.

L'horloge déverse son flot de secondes, de minutes et d'heures

Qui ne verront jamais plus les couleurs de la douce enfance réjouie

Car, déjà, elle se résigne, puis se couche et se meure,
N'en pouvant plus vraiment de n'être plus que par les
pleurs !

Nul ne devrait chercher à abuser d'autrui, à bon escient !

Quiconque commet l'irréparable avec plus petit ou plus faible que soi, heureux de ce que l'esprit malveillant, doublé de l'incontrôlable force physique qui l'anime en impose à autrui, le soumettant ainsi lâchement à sa volonté de puissance et de nuisance, devra craindre également les foudres de la Fallagaïa, qui lui fera perdre un jour ou l'autre tout ce qui le confortait dans une si déplorable attitude de prédateur !

Le vol du feu sacré d'Iskar

De l'animal ou de l'homme, lequel vraiment est le plus sage, finalement ?

Il y a bien longtemps de cela, dans le lointain paysage enchanté de la savane africaine, hommes et bêtes vivaient ensembles, en harmonie. Ils partageaient les ressources de la terre selon la nature de leurs besoins, les uns se nourrissant de plantes, de fruits et d'herbes. Les autres de plantes, de fruits, de légumes et de tubercules. Nul ne songeait alors à tuer un animal en vue d'agrémenter ses repas, et la vie se déroulait paisiblement, ainsi, sans heurts majeurs.

À tour de rôle, un élu issu de la communauté des hommes ou de celle des animaux régnait, sept lunes durant, afin que perdurent, de part et d'autre, la bonne entente et le partage des connaissances acquises au cours des siècles. Les animaux enseignaient alors aux humains l'art de reconnaître certains signes de dangers annonciateurs de catastrophes naturelles, tels que les séismes, les irruptions volcaniques et les ouragans, grâce à leur flair exacerbé. Les humains, quant à eux, partageaient avec leurs amis, loin d'être bêtes, leurs connaissances astrologiques, en prédisant souvent avec justesse les périodes de crue, de sécheresse autant que celles d'accalmies.

C'est dans ce climat de bonne entente appréciable qu'ils se respectaient les uns, les autres, les animaux vivant en pleine nature, tandis que les hommes préféraient s'abriter dans des cases afin de se protéger des intempéries. Ces derniers, pour se réchauffer comme pour cuisiner se servaient alors des braises d'une roche volcanique ramenée, il y a très longtemps de cela, par l'un de leurs ancêtres nommé Iskar. Cette source de chaleur était appelée le feu sacré d'Iskar. Elle était constamment maintenue en activité grâce à la surveillance et à l'entretien d'un individu commis d'office, qui s'acquittait de cette tâche, sept jours durant, avant d'être remplacé par un autre.

Mais, par une triste journée, sous le règne de Loath la lionne, un fils d'homme, qui de surcroît était un prince, assomma le gardien du feu et s'empara de ce bien commun des plus précieux. Muni d'un chaudron, d'environ soixante centimètres de diamètre sur quatre-vingt de profondeur, qu'il avait suspendu à un bâton trempé dans une substance ignifugée, l'homme transporta ce trésor inestimable, plus qu'indispensable à la survie des siens, dans une grotte souterraine dont l'emplacement n'était connue que de lui seul, à l'époque. Grâce à la complicité de l'un de ses amis, qui lui était dévoué corps et âme et qu'il réussit à corrompre, par la suite, il continua à entretenir la flamme du feu sacré, en toute discrétion.

Lorsque les humains se rendirent compte de la disparition de leur précieuse source de bien-être, ils se mirent aussitôt à se lamenter, en criant désespérément au malheur. Les-uns se demandant comment une telle chose avait pu se produire ; les autres, redoutant par ailleurs que la colère d'un mauvais génie ne s'abatte sur eux, de surcroît, tant l'idée d'un vol leur semblait alors impensable. Néanmoins, une voix s'éleva soudainement au milieu de l'assemblée confuse et fort désemparée, tandis qu'un homme s'avançait, gaillardement, se détachant nettement ainsi du lot, et questionna vivement :

« Et si, en réalité, nous étions tristement victimes d'un complot de la part des animaux, visant à nous anéantir ? Avez-vous seulement songé à une telle éventualité, mes chers frères et sœurs, vous qui vous complaisez naïvement dans votre si déplorable humanité ? »

- Non, Gallagut ! Nous ne pouvons absolument pas envisager une telle chose, tant cela paraît improbable et indigne de nos alliés ! Il s'agit tout de même de nos amis et je suis persuadée qu'ils ne s'aviseraient jamais à vouloir nous jouer un si cruel tour, contesta spontanément Toula, l'une des femmes qui avait déjà régné brillamment, en son temps, et qui connaissait bien la fidélité du cœur des animaux.

- Peut-être dites-vous cela parce que vous vous laissez aveugler par le passé, Toula ? Non, mes amis, l'heure est venue pour nous d'ouvrir enfin les yeux et de voir quels genres d'hypocrites sont en réalité ces bêtes abominables qui se disent nos amis. Réveillez-vous donc un peu ! Qui d'autre pourrait bien nous avoir volé le feu sacré, en sachant à quel point il est indispensable à notre survie ? s'insurgea à nouveau le très *acrimonieux* [64] Gallagut.

Le doute ainsi semé par ce prince, de façon fort habile, telle une gangrène incontrôlable, commença dès lors à s'insinuer de manière incisive et profonde dans certains esprits. De multiples murmures de réprobation se mirent à s'élever de l'assistance, en conséquence. Bientôt, la majorité de la population se rangea promptement à l'avis du prince et de nombreux appels à la vengeance résonnèrent, pendant longtemps, se faisant même plus violents que le grondement passager du tonnerre.

Gallagut jubilait intérieurement, pendant ce temps. Il savait qu'il était sur le point d'atteindre son but. Que seuls les humains pourraient régner sur terre, dorénavant, si l'idée de la traîtrise des animaux finissait par être admise par tous ses congénères, ou presque, ainsi qu'il l'espérait. D'ailleurs, il envisageait de monter

---

[64] **Acrimonieux :** mordant, hargneux

rapidement sur le trône en vue d'instituer de nouvelles lois destinées à faire reconnaître sa propre descendance comme étant la seule digne de régner, à jamais, après lui. Néanmoins, pour faire admettre ce fait résolument étrange, au vu des mœurs qui prévalaient alors, Gallagut devait fournir un argument de taille. Or, celui-ci était déjà tout trouvé : *En se faisant passer pour celui qui aurait retrouvé et rapporté le feu sacré à la communauté des hommes, en tant que héros, il exigerait de son peuple, en retour, une reconnaissance quasi éternelle.*

Malgré cela, Toula proposa au conseil des sages qu'une enquête valable soit menée, avec l'espoir de faire la lumière sur cette affaire bizarre, avant que les humains n'envisagent véritablement de recourir à des représailles à l'encontre des animaux. Sa proposition fut acceptée, fort heureusement, et il fut alors décidé qu'un émissaire irait voir Loath, la lionne, dès le lendemain afin d'entendre sa version des faits.

Toutefois, c'était sans compter sur la terrible détermination de Gallagut qui ne voulait que nuire à l'harmonie qui régnait alors entre les animaux et les hommes. Ce prince intrigant entraîna l'un des lionceaux de Loath dans une clairière, loin de tout regard indiscret, et l'y égorgea sauvagement, en le prenant par surprise. Il s'assurait de la sorte qu'aucun compromis ne saurait être trouvé entre humains et bêtes dès lors. Il espérait que, dorénavant, plus rien ne viendrait entraver ses plans obscurs des plus *machiavéliques*[65].

L'émissaire des humains, une fois revenu de sa mission, annonça à tous que la reine Loath réfutait catégoriquement l'éventualité d'un acte de traîtrise aussi ignoble de la part de l'un des siens. Un comité de sages se rendit alors auprès de la reine afin de lui soumettre le contexte de suspicion qui prévalait chez les humains depuis ce regrettable incident. Il souhaitait aussi bien solliciter son aide en vue d'identifier le scélérat qui s'en était pris au feu sacré des humains. Ils étaient encore en plein conciliabule lorsque, Kuna, l'hyène vint se jeter désespérément aux pieds de sa majesté la reine Loath et lui annonça l'horrible nouvelle concernant l'abominable assassinat de l'un de ses petits.

Mais alors que, terriblement peinée et véritablement ébranlée, la reine s'apprêtait à se retirer de l'assistance afin de pleurer décemment son petit à l'écart de tout ce monde dont la présence l'insupportait à présent, Gallagut surgit opportunément et accusa la reine et son lionceau fraîchement martyrisé de forfaiture. Il osa

---

[65] **Machiavélique** : diabolique

même prétendre que ce dernier aurait été simplement puni par les Dieux pour sa traîtrise envers les hommes, et que sa mort soudaine n'était donc que justice.

La reine qui, pourtant, n'avait jamais émis un seul grognement menaçant, auparavant, se mit soudainement à rugir avec une telle puissance, que la terre elle-même en trembla. Les humains reculèrent aussitôt et se retrouvèrent à bonne distance des animaux qui firent dès lors, tous, promptement corps autour de leur reine, en se mettant à pousser également de terrifiants cris de colère, chacun, selon son espèce. Affligée et ainsi accablée, terriblement déçue par l'attitude malveillante du prince Gallagut, la reine Loath s'exprima enfin ainsi :

« Vous, humains, êtes décidément de la pire espèce que Mère Nature ait pu engendrer. Vous constituez une véritable menace pour vous-mêmes ainsi que pour tous ceux que vous côtoyez. À compter de ce jour, au nom de tous les miens, je vous exhorte à vous tenir bien loin de nous, si vous ne voulez pas nous voir entrer en guerre contre vous, de façon acharnée. La seule chose qui me retient d'ordonner votre massacre sur le champ, c'est que je ne souhaite nullement répondre de votre sang.

Vous êtes bien assez mauvais pour vous entraîner, les uns les autres, vers votre propre déchéance. Nous ne voyons aucun intérêt à y contribuer, de ce fait, bien que votre attitude outrageuse et foncièrement désobligeante nous y incite actuellement. Disparaissez de nos vies, à jamais, filles et fils d'hommes aux esprits vils, si corrompus !»

Les humains présents lors de cette déclaration s'en allèrent honteusement, aussitôt, sans demander leur reste, et ils s'en retournèrent conter aux leurs comment l'irréparable était advenu. À compter de ce jour, les humains et les animaux s'évitèrent, méticuleusement, les premiers traquant les seconds, parfois, en vue de se nourrir de leur chair, sinon, par pure vengeance ; les seconds, n'ayant pas d'autre choix et se trouvant dans l'obligation de tuer les premiers, souvent, dans l'unique but de se protéger d'eux.

Gallagut, s'insurgea contre les anciennes lois. Puis il se proclama roi à la tête de l'assemblée d'hommes qui fut constituée, peu de temps plus tard, après qu'il ait ramené le feu sacré au bout d'un long périple de sept jours. Il prétendit, bien évidemment, qu'il s'était emparé de ce trésor des plus précieux après un combat de longue haleine qu'il mena, seul, contre bêtes féroces des plus abominables.

En véritable ***despote,*** [66] ce souverain malhonnête édicta aussitôt de nouvelles lois pour servir

---

[66] **Despote :** tyran

avantageusement les intérêts de sa propre lignée, pour longtemps, après qu'il en eût tiré profit personnellement.

De là naquit probablement la férocité des monarques humains qui, depuis lors, s'ingénient à soumettre leurs peuples aux pires exactions qu'ait connues leur espèce, dans l'unique but de se maintenir au pouvoir, pour mieux jouir des privilèges dont ils se sont royalement arrogés.

On dit d'ailleurs que, depuis ce temps malheureux, l'homme est devenu un loup pour l'homme, sans l'appréciable complicité des animaux.

Le trésor

Une femme prie, de Zeus, la belle Vestale

Qui s'ingénie au cœur du règne végétal
De lui offrir le secret des fées sur un Pétale !

La prêtresse mande alors une précieuse Opale,

Ni trop brillante, ni trop pâle

Qui, de toutes parts, à la vue s'étale

Et prie alors la dame de la porter à la fée de l'Oural

Qui se trouve plutôt en aval

Afin qu'elle lui livre un beau cheval

Qui, dans les yeux, tient le grand mistral

Et, dans la bouche, sur un doux pétale,

Le secret qui, jamais, ne s'avale !

Mais la femme, sous le charme de la belle opale,

N'ira jamais plus loin que ne porte le regard en son val,

Rentre chez elle puis, sur son sofa, s'affale,

Ne pouvant plus se défaire de ce trésor à présent rival

Du beau secret qu'elle cherchait, pourtant, matin et soir, et croyait alors sans égal !]

Elle sait depuis lors qu'il n'est point besoin d'aller si loin, chacal,

Pour trouver l'objet de ses rêves, posé sur un écrin royal !

Le grizzli et le griffon

Un vieux grizzli,
Triste à mourir,
S'en allait cahin-caha
À travers la toundra !
Un beau griffon,
Qui bravait alors le typhon,
Le survola en tournoyant, plus d'une fois,
Lui rendant ainsi un bel hommage
Pour tous les beaux restes qu'au passage,
Il lui laissait, bien souvent, autrefois
Après ses copieux festins dignes des rois !

Notre ours, dans le vent fort froid du nord,
Se couche, soudain, dans la danse qui l'honore,
À présent, à bout de souffle et bien las !

L'univers retient alors son souffle
Avec le vent qui, là-bas, s'essouffle
Rasant le sol, tout bas, tout bas,
Au pied du géant qui, enfin, s'en va !

Niobé, la belle

Si la beauté est une chose admirable, l'arrogance peut la ternir, rendant détestables ceux qui s'en servent comme unique apanage, oubliant, bien souvent, que l'humilité est mère de toutes vertus.

Dans le paisible royaume d'Afafagnon, régnait une enviable harmonie. Le bon roi Mawouton et son épouse, la reine Sessi, avaient une fille d'une beauté légendaire nommée Niobé.

Depuis sa plus tendre enfance, la jeune fille ne recevait de tous qu'honneurs et compliments. Bien qu'entourée d'affection et jouissant des plus grands privilèges, elle laissait pourtant libre cours à son penchant naturel pour l'arrogance.

Affublée d'une suffisance sans borne et d'un orgueil mordant, la princesse prenait pourtant soin de dissimuler ses travers déplorables aux siens, en usant de son charme naturel et des manières de bienséance de mise en société. Néanmoins, elle toisait habituellement tous ceux qui n'avaient rien à lui offrir qu'elle ne possédât déjà.

De tous ses proches, seule, Assiba, sa servante la connaissait véritablement. Elle la côtoyait bien plus souvent que les autres et avait pu percevoir, à maintes occasions, les manières regrettables de sa maîtresse. Niobé l'avait d'ailleurs fait flageller plus d'une fois, l'accusant à tort d'avoir dérobé des objets qu'elle avait elle-même dissimulés, de façon malveillante, ou bien de négligence dans l'accomplissement de ses tâches domestiques.

Niobé ne manquait jamais une occasion de ridiculiser Assiba ou de l'insulter en présence des autres, toujours sur la base de fausses allégations. N'ayant d'autre choix que celui de subir les incessantes sautes d'humeurs de sa maîtresse, la pauvre Assiba se taisait piteusement, tout en essayant de se faire oublier d'elle, dans la mesure du possible. Elle espérait ainsi pouvoir continuer à servir à la cour, sans trop s'attirer les foudres de sa maîtresse.

Après bien des années d'une vie insouciante, la capricieuse princesse arriva enfin en âge d'être mariée. Le bon roi, son père, envoya annoncer la bonne nouvelle, aussitôt, dans les royaumes alentour. Il invita dès lors tous les princes pouvant faire office de prétendants à se manifester en ce sens dans les meilleurs délais.

Ceux-ci accoururent, pour l'occasion, du nord, du sud, de l'est, de l'ouest et, peut-être bien aussi, d'ailleurs. Toutefois, aucun d'eux ne convenait à Niobé qui trouvait à celui-ci un trait de caractère inacceptable ; à celui-là un physique bien trop commun ; à un autre encore, un manque de prestance évident.

Des mois durant, à la conquête de la redoutable Niobé la belle, bon nombre de jeunes gens défilèrent à la cour du roi Mawouton et de la reine Sessi, sans le moindre succès. La princesse leur imposait immanquablement des épreuves terribles et, parfois, cruelles dont ils devaient venir à bout, avant même de songer à l'approcher.

Mais un beau jour, un riche et charmant jeune homme se fit annoncer auprès du roi et de la reine pour demander la main de leur fille. Très bon athlète, il réussit admirablement tous les défis gymniques que lui imposa la princesse. Bon coureur, il s'avéra également excellent à la lutte comme au tir à l'arc, se révélant ainsi particulièrement adroit pour la chasse.

Il lui restait pourtant une dernière étape à franchir avant d'atteindre son objectif, qui était d'entrer dans les bonnes grâces de la princesse, afin qu'elle l'acceptât pour époux. Et cette épreuve était de taille, car il fallait démontrer qu'on avait de l'esprit et de la retenue dans une situation assez cocasse :

Ayant été invité à dîner auprès de la princesse, il fallait manger de tout, sans laisser transparaître le moindre signe de mécontentement. Ce qui n'était pas chose aisée quand on sait que l'un des plats était si pimenté qu'on pouvait à peine y goûter sans éternuer ni larmoyer, continuellement, tant on se sentait se consumer de l'intérieur.

Par ailleurs, le foula, boisson locale accompagnant alors le repas, était si amer que, à moins d'être doté de pouvoirs surnaturels, on le cracherait sans hésiter, dès la première gorgée.

Toutefois, le prince Gbèssin n'était pas un prétendant comme les autres. Ainsi, avant de se rendre à cette étrange réception, au cours de laquelle il se doutait bien que la princesse lui réserverait assurément de drôles de surprises, il prit soin de boire un breuvage devant servir de couche protectrice pour ses organes internes. L'homme espérait ainsi que cette juste précaution lui rendrait supportables les terribles effets qu'aurait eu, autrement, sur le commun des mortels, ce repas particulier pris en tête à tête avec la princesse Niobé.

Aussi, goûta-t-il de tout, le sourire aux lèvres, et ne manqua-t-il pas de complimenter la princesse, en tous points de vue, comme cela se devait : vantant sa beauté extraordinaire, relevant ses talents d'hôtesse hors pair, sans oublier son sens de l'humour des plus remarquables, etc.

La princesse convint donc finalement d'avoir trouvé un partenaire à la hauteur de ses attentes, n'ayant plus d'autre choix que celui de reconnaître les incontestables mérites de l'extraordinaire prince Gbèssin.

Dans tout le royaume, il n'était plus question que des prodiges de l'heureux élu et du futur mariage en préparation. Les noces furent rapidement célébrées en grande pompe, car le roi et la reine commencèrent à craindre que nul, jamais, ne convînt à leur fille qui s'était montrée incroyablement capricieuse à leur goût. Mais, étant donné qu'il s'agissait du choix d'un époux, ses nobles parents avaient toléré ses coups de théâtre successifs qui avaient bouleversé et animé le royaume en commérages divers et variés pendant un certain temps, dans l'espoir qu'elle puisse véritablement trouver le meilleur parti possible.

Une fois les cérémonies d'usage terminées, les heureux époux prirent enfin la route en direction du palais de l'honorable prince Gbèssin.

Ne fallait-il pas un époux exceptionnel à une princesse *extraordinaire*, bien qu'à l'impossible, nul ne soit tenu ?

Après sept jours d'un long et harassant voyage, bien qu'agréable suivant les étapes, les époux et leur long cortège de serviteurs arrivèrent finalement à l'orée d'une forêt sombre, qui s'étendait devant eux, à perte de vue. Le prince paya alors les gens du cortège qui les avaient fidèlement servis jusqu'alors, avant de les congédier. Chevaux, carrosses et porteurs s'en retournèrent donc, les laissant tous deux là, seuls, avec leurs bagages.

Son épouse, étonnée par ce congé soudain donné aux domestiques, lui demanda naturellement ce que cela signifiait. Gbèssin la rassura prestement en lui expliquant qu'il avait accessoirement loué le service de ces gens, et que ses serviteurs attitrés les attendaient certainement déjà à quelques lieues de là en vue de prendre le relais. Il précisa, par ailleurs, que son personnel s'occuperait de les accueillir comme il se devait, dès qu'il les verrait venir, et que ses gens à lui iraient ensuite récupérer leurs biens à l'entrée de la forêt.

La jeune épouse se sentant un peu soulagée par ces propos, suivit courageusement son prince charmant, bien qu'elle fût encore angoissée à l'idée de traverser, seule, cet endroit étrange et terrifiant en compagnie d'un parfait inconnu. Néanmoins, comme elle le savait bon chasseur, la princesse se raisonna également en se disant qu'il saurait la défendre, assurément, contre toute attaque malvenue en ces bois effrayants, si cela s'avérait nécessaire. Ils se mirent donc en route, à nouveau, ne prenant que l'essentiel et, abandonnant la plupart des objets constituant la dot de la jeune mariée dans un coin bien caché, non loin de l'entrée de la forêt.

Cependant, dès que les deux époux se furent suffisamment éloignés à l'intérieur du bois pour les entendre, les serviteurs occasionnels revinrent rapidement sur leurs pas et récupérèrent tous les biens appartenant au prince et à la princesse. En réalité, ils en avaient ainsi convenu avec le prince Gbèssin, bien auparavant, à l'insu de Niobé.

Néanmoins, après plus de trois heures de route, la belle et son époux n'étaient toujours pas arrivés au palais de ce dernier. La princesse, toujours anxieuse, demanda une fois de plus à son époux s'ils en étaient encore loin.
- Patience, ma bien-aimée ! Patience ! lui répondit celui-ci, à nouveau, nous arriverons bientôt à destination.
Mais Niobé était encore vêtue de ses beaux vêtements de noce, qui ne se prêtaient guère à cette escapade plus qu'éprouvante. Aussi, avait-elle beaucoup de mal à suivre son athlétique époux à travers les ronces, sur des sentiers rocailleux et boueux, difficilement praticables.
Toutefois, un peu plus loin, ils croisèrent une vieille femme dépenaillée, borgne et bossue qui se tenait assise et toute recroquevillée, sur le bord du chemin. Cette femme symbolisait, à elle seule, toutes les misères du monde, avec ses pustules au visage, ses mains décharnées qui étaient ouvertes comme pour

mendier, sans oublier les oripeaux qui recouvraient toute sa malheureuse personne ainsi exposée.

« *Bonjour, mes braves gens !* », leur lança-t-elle promptement, en attrapant la jeune fille par le bras, lorsque celle-ci parvint à sa hauteur. Le prince se trouvait déjà loin devant, à bonne distance des deux femmes. Niobé se dégagea brutalement de l'emprise de la vieille dame et lui cracha au visage, en lui lançant sur un ton hautain et plus que dédaigneux :

« *Écarte-toi donc de mon chemin, vieille chouette ratatinée et visqueuse, et ne t'avise plus jamais de m'approcher, si tu tiens vraiment à la vie ! »*

La vieille femme, qui semblait provenir de nulle part lui lança, tout de même, avant qu'elle ne disparaisse de sa vue :

- *Prenez donc garde, mon enfant, de ne surtout pas vous approcher des calebasses qui invitent à les cueillir !*

La princesse Niobé se hâta alors de rattraper son époux, qui l'attendait déjà au pied d'un magnifique palais. Émerveillée, elle s'élança aussitôt vers l'entrée, heureuse d'être enfin parvenue à destination. Toutefois, Gbèssin s'interposa prestement entre elle et les grands battants ouvrant sur cette demeure princière et lui dit sur un ton cérémonieux :

- Ma princesse, il est une coutume à laquelle toute nouvelle maîtresse de maison doit satisfaire avant de prendre possession de ces lieux.

- Quelle coutume ? s'enquit aussitôt Niobé, visiblement excédée et à bout de forces.

Son époux l'emmena alors devant quatorze calebasses dont sept criaient effectivement :

« Cueille-moi, cueille-moi, cueille-moi … ! », tout en tournoyant sur elles-mêmes, en face de sept autres qui restaient immobiles et silencieuses. Puis il lui demanda de choisir entre les unes et les autres. Toutefois, elle ne devait en choisir que sept provenant du même lot. Niobé se souvint alors de l'étrange recommandation que lui avait faite la vieille femme en chemin, mais elle se dit aussitôt que celle-ci ne pouvait lui être de bon conseil, toute rabougrie, misérable et détestable qu'elle semblait !

La princesse était irrésistiblement attirée par les calebasses parlantes qu'elle finit par choisir, après quelques instants d'hésitation. Son compagnon lui expliqua ensuite qu'elle devait en casser une sur le seuil du palais, pour commencer, puis les suivantes, l'une après l'autre, à chaque détour du chemin, et ce, jusqu'à la dernière.

Lorsqu'elle laissa tomber la première calebasse, qui se fracassa brutalement sur une pierre, Niobé se retrouva subitement dans un endroit effrayant, sinistre, sombre et sans âme qui vive ! Terrorisée, la princesse se hâta de briser la deuxième calebasse. Apparut alors une forêt fantasque avec des arbres qui murmuraient entre eux d'inquiétantes paroles indistinctes.

De toutes ses forces, elle projeta aussitôt la troisième calebasse contre un arbre, sans même songer à réfléchir. Celle-ci, en s'entrouvrant, fit apparaître ensuite des objets grimaçants qui couraient bizarrement dans tous les sens. Dès lors, Niobé brisa précipitamment la quatrième calebasse, dans l'espoir de se soustraire à cet environnement inquiétant, si sordide et si angoissant. Mais apparurent alors des lépreux et des êtres misérables qui marchaient dans sa direction d'un pas alerte et décidé. La princesse, dépitée, éventra de suite la cinquième calebasse et elle revit alors son prince charmant, aussi beau qu'elle l'avait laissé devant le palais où il l'avait conduite quelques instants plus tôt.

Néanmoins, dès qu'elle s'élança vers lui, dans le but de se mettre sous sa protection, celui-ci se transforma aussitôt en un monstre incroyablement hideux, qui en commandait d'autres !

Niobé fracassa alors la sixième calebasse et revit le beau palais qu'elle s'apprêtait à investir avant de passer dans ce monde étrange à l'intérieur duquel elle basculait sans cesse d'horreurs en horreurs, depuis ! Lorsqu'elle voulut en franchir le seuil, à son grand étonnement, elle aperçut à l'intérieur sa suivante Assiba, qui s'y promenait couronnée et entourée d'une suite de courtisanes et de servantes aussi belles les unes que les autres ! Celles-ci rivalisaient d'atours en vue de plaire à leur reine qui, chose étrange, semblait n'être nulle autre que son ancienne domestique.

La princesse se demanda bien évidemment alors comment une telle chose était possible ! Elle s'avança en direction de l'effrontée, ahurie et plus qu'ulcérée, en vue de lui faire perdre la face, suite à ce qu'elle prenait véritablement pour un terrible affront doublé d'une usurpation d'identité. Mais, étrangement, la jeune mariée fut soudainement propulsée en arrière par une force invisible.

Niobé se retrouva donc, une fois de plus, dans l'univers hostile et terrifiant qu'elle tentait vainement de fuir, de façon désespérée. Qui plus est, elle ne disposait plus désormais que d'une seule calebasse, qui devrait rapidement révéler et sceller son sort !

La princesse considéra enfin avec tristesse ce gros fruit beige avec une crainte manifeste mêlée d'espoir, en l'espace d'un bref instant, des plus émouvants. Cet instant bizarre la vit frémir de l'horrible sensation lui rappelant, assurément alors, qu'elle se trouvait inévitablement face au choix le plus crucial de toute son existence. Instant fatidique pouvant lui ouvrir un chemin vers le meilleur comme vers le pire.

Illustration : Abdelsselam Boutadjine

Toutefois, n'ayant plus rien à perdre et s'apercevant que le temps lui était véritablement compté, la jeune femme finit par briser sa dernière calebasse, par peur d'être capturée par les monstrueuses créatures qui se rapprochaient d'elle, à présent, au pas de course.

Niobé se retrouva finalement dans une misérable demeure dont les murs étaient composés d'un mélange nauséabond d'excréments et de boue. Elle-même n'était plus vêtue que de loques, tout comme son prince à présent hideux et d'apparence franchement répugnante. Les autres créatures tout aussi bizarres ricanaient dehors. Avec les arbres et autres objets fantasques, étrangement vivants, elles se moquaient effrontément de la princesse Niobé, lui rappelant sans cesse que seules, sa méchanceté affligeante et son arrogance sidérante, l'avaient condamnée à un si triste sort !

Ainsi, nous dit la moralité de cette histoire, à trop vouloir sortir de l'ordinaire, en se moquant continuellement du sort des autres, on finit par se condamner soi-même parfois au pire !

L'univers sordide dans lequel la princesse Niobé finit ses jours ne lui renvoyait-il pas, en définitive, l'écho de l'âme sombre et perfide qu'était la sienne ?

Ainsi, nous dit la moralité de cette histoire, à trop vouloir sortir de l'ordinaire, en se moquant continuellement du sort des autres, on finit par se condamner soi-même parfois au pire ! L'univers sordide dans lequel la princesse Niobé finit ses jours ne lui renvoyait-il pas en définitive l'écho de l'âme sombre et perfide qu'était la sienne ?

Mohoshéï, le messager de l'espoir

L'homme blanc court toujours après le savoir. Cependant, malgré la somme phénoménale des connaissances dont il a pu se pourvoir, c'est la folie qu'il embrasse, tristement, en fin de compte !

Tous les hommes voudraient déclarer ce jour, béni, s'ils savaient qu'il s'agit de celui qui vit naître à l'aube, au premier chant du coq, Mohosheï, le messager de l'espoir, fils du grand chef indien Wasuzu !

Mohosheï est né par une belle journée ensoleillée, ravissant le cœur de son peuple qui attendait ardemment le vaillant héritier qui succéderait plus tard à Wasuzu.

Une grande fête fut donnée le soir même de sa naissance et un bœuf fut sacrifié en reconnaissance de ce don exceptionnel du Grand Esprit au peuple des hommes de la plaine cachée du Watankanyéka.

La nuit vibra joyeusement des chants et des danses du peuple Anasazi, autour d'un gigantesque feu de bois. Ce soir-là, le traditionnel vin de baies dont seuls les Anasazi avaient le secret coula à flot, apaisant même les gosiers les plus assoiffés avec grande générosité. La fête réjouit petits et grands jusqu'à une heure avancée de la nuit.

Toutefois, lors de la cérémonie rituelle devant annoncer la destinée du nouveau-né, l'oracle parla, figeant soudainement les Anasazi dans une grande stupeur : Pour la première fois, ce fils aîné de chef ne sera pas lui-même à la tête de son peuple, plus tard. Non ! Fils de l'Éternellement Vivant, il explorera les contrées, portant le message de l'espoir à tous ceux qui le croiseront ou l'entendront, de près ou de loin.

Mohosheï était donc le messager de l'espoir qui invite toujours à la paix. Sa mission sur terre consistait à adoucir le cœur des hommes aveuglés par la haine, afin de les ramener vers des sentiments meilleurs. Parmi les nombreux conseils qui émanèrent de cette consultation d'ordre divinatoire, l'un spécifiait qu'il fallait l'initier très tôt à la flûte. Ce fut chose faite, dès que l'enfant fut en âge de s'exprimer convenablement.

Mohosheï sut jouer de la flûte en moins de temps qu'il n'en fallait et put bientôt vagabonder aux alentours du campement, jouant de-ci, de-là, des airs populaires ainsi que ceux de sa propre composition. Il s'instruisit également auprès du chaman des environs afin de grandir en sagesse, étonnant les uns et les autres par la grande maturité d'esprit qui habitait, si tôt, un si jeune garçon.

Les autres enfants se réunissaient souvent autour de Mohoshéï, écoutant avec un réel ravissement les fabuleux récits qu'il leur contait alors, d'un air énigmatique et recueilli, comme s'il était, lui-même, d'ailleurs, tout en étant des leurs.

À l'âge de treize ans, Mohoshéï fut confié au grand chaman vivant dans la grotte de la montagne sacrée, deux ans durant, en vue de parfaire son initiation. À quinze ans, il se fondit volontairement dans la nature afin de s'y découvrir, pleinement, avant même de songer à accomplir son prophétique destin. Il demeura pendant un an dans les environs du campement des siens où, seul, le son de sa flûte attestait encore souvent de sa présence, plus ou moins proche. Parfois, dans la nuit, il rendait secrètement visite à ses parents et conversait alors longuement avec son père, tout en profitant de la présence réjouissante et réconfortante de sa mère, avant de s'en aller, un peu avant l'aube, évitant ainsi toute autre rencontre.

L'année suivante, Mohoshéï s'en alla définitivement au loin, apprenant le langage du feu dans la vallée secrète du Waslana, là où, le soleil, une fois au zénith, embrase résolument tout sur son passage. S'instruisant de celui du vent, tout au sommet de la montagne sacrée, là où se rejoignent souvent, mystérieusement, les quatre vents venant des quatre points cardinaux. S'imprégnant des secrets de l'eau, en contrebas du grand torrent indomptable, à l'endroit précis où tous les sons se perdent subtilement dans l'écho incessant des impérieuses chutes d'eau. S'emplissant du message de la terre, au cœur même de la secrète forêt verdoyante, là où, seuls osent s'aventurer parfois les esprits purs et les âmes éclairées.

À chacune de ces étapes, au cœur du silence religieux qui fait que tout bruit paraît absolument superflu, l'homme en devenir s'imprégnait véritablement de l'essence même des choses, en s'ouvrant totalement à leur nature profonde. Ainsi, put-il rendre témoignage plus tard du bien originel résidant en chacune d'elles, comme de l'harmonie originelle vers laquelle toutes convergent, naturellement, au gré des airs subtils qui s'échappaient mélodieusement de sa flûte infatigable.

Mohoshéï se mit à parcourir les contrées lointaines, peu après, s'aventurant même sur des terres qu'aucun de ses pairs n'avait jamais foulées auparavant. Lorsqu'il arrivait dans un endroit où transpirait la haine et où les hommes étaient animés par des sentiments belliqueux et stériles, nuit et jour, le jeune homme jouait habilement de sa flûte, apportant un message de paix au creux des oreilles de tous ceux remplis d'animosité, afin que survive l'espoir dans le cœur des gens de bien. Lorsque, au bout de trois nuits et de trois jours, son message restait toujours ignoré, il s'en allait plus loin, pleurant la dureté du cœur de l'homme et, surtout, tous ceux qui auraient à en pâtir, malheureusement, par la faute de ceux qui demeuraient sourds à son appel. Il paraît même qu'il était le dernier recours dans de nombreuses situations désespérées. Que lorsque son chant, porté aux oreilles des belliqueux par les ailes du vent, tel un sourd murmure à peine audible, n'arrivait pas à les émouvoir afin d'inspirer en eux des sentiments meilleurs, s'abattait alors une bien funeste malédiction. Celle-ci poursuivait dès lors les hommes restés imperméables à son message de paix, jusqu'à ce qu'ils périssent d'une mort atroce et inhabituelle, rendant ainsi compte de la cruauté dont ils furent eux-mêmes coupables envers leurs semblables.

Un jour, Mohosheï croisa le chemin d'une troupe espagnole qui avait pour but d'aller attaquer les siens. Mohosheï comprit rapidement quels étaient leurs véritables desseins et il en fut terriblement bouleversé. Il devina leurs viles intentions, car il jouissait du don de prémonition et pouvait aisément sonder le cœur des êtres remplis d'animosité. Néanmoins, fort de l'honorable mission qui lui incombait toujours, le brave messager de l'espoir se mit courageusement à jouer de sa flûte, dans l'espoir d'attendrir le cœur du capitaine Del Fuego, qui conduisait alors cette funeste expédition.

Au bout de trois nuits et de trois jours d'une tentative désespérée, il réalisa, à son grand désarroi, que le capitaine et son armée se rapprochaient toujours un peu plus du campement des Anasazi.

Impuissant et triste à l'idée de ne pouvoir aider les siens, Mohosheï se décida finalement à aller parler au chef de cette armée étrangère. Il se faufila habilement dans la tente du capitaine Del Fuego, on ne sait trop comment, sans se faire voir ni prendre par les hommes de l'officier Espagnol. Celui-ci ne comprit d'ailleurs pas vraiment comment il se retrouva subitement face à cet indien félin, au visage émacié et aux allures majestueuses, alors même que l'entrée de son abri se trouvait sous bonne garde.

Mohosheï porta prestement son index droit sur sa bouche, intimant ainsi à l'officier l'ordre de ne pas rameuter ses hommes à ses trousses en criant. L'officier lui obéit, tout d'abord, animé par la curiosité, car il désirait véritablement savoir ce qui lui valait une telle approche de la part de celui qu'il considérait sûrement alors comme un authentique sauvage.

Mohosheï s'accroupit, sans perdre de temps, et dessina rapidement son campement sur le sol. Puis, en regardant Del Fuego droit dans les yeux, il lui fit signe qu'il ne fallait pas aller tuer les siens, en mimant une attaque à main armée et en faisant non de la tête, suivi d'un geste identique de son index droit qui bougeait alors vivement de gauche à droite.

L'indien répéta ce même geste réprobateur à plusieurs reprises avant que, des soldats qui passaient par là, inopinément, ne lui tombent dessus et ne l'enchaînent à un arbre. Le jeune Anasazi devait être pendu le lendemain même. Son corps devait être jeté aux siens, après cela, afin de prouver la détermination de l'armée espagnole qui était décidément prête à en découdre avec le mythique peuple Anasazi, qu'elle avait toujours eu du mal à soumettre, ne pouvant aisément localiser ses points de bivouac.

Toute la nuit Mohosheï chanta tristement sans sa flûte qui avait été saisie par del Fuego :

Je suis Mohoshëï, le messager de l'espoir
Non celui du vent
Entends mon message
Et, du matin au soir,
Médite sur les chemins de la paix
Même si, bien souvent, en toi
La voix de la haine se fait trop forte
Elle qui, pourtant, jamais vraiment ne réconforte
Si tu veux honorer la vie qui,
Telle une mère, toujours, te porte
En fermant dès à présent
De la peur et de l'angoisse les portes !
Pourquoi ne m'écoutez-vous donc pas chanter l'espoir ?
Jamais plus je ne me battrai
Contre la fougue déchaînée dont parlent la lance et l'épée
Brassant l'air, fendant l'espace, proche ou loin de toute vérité !
Car, désormais, las et désabusé, j'ose mander la véritable paix,
Portant l'espoir sur le souffle de ma lyre
Qui, malgré le mépris et le sombre entêtement des hommes,
Prend forme dans le vivifiant feu de l'amour,
Porté par le son de ma flûte affûtée et apprêtée qui toujours résonne
De ses mille et un airs à travers monts et vallées,
Portant l'espoir dans les cœurs angoissés d'un monde désenchanté,
Rallumant la flamme de la vie dans les yeux des désespérés !
Je suis Mohoshëï, messager de l'espoir, frère du Vent !

Ecoute le son de mon hymne porteur d'espoir
Et, jamais plus, tu ne boiras du vil philtre du désespoir !

Ce chant triste et poignant fut rapporté aux siens par le guide indien de l'armée espagnole qui, saisi d'épouvante et de crainte, l'avait rapidement désertée après avoir entendu ces versets mélancoliques qu'égrenait alors, inlassablement, Mohosheï.

Étrangement pourtant, lorsqu'ils vinrent le chercher pour le pendre, le lendemain, ils trouvèrent les menottes, par lesquelles ils l'avaient attaché, intactes, par terre, posées par-dessus l'amas de la corde de jute avec laquelle ils l'avaient ligoté.

Mais bien qu'intrigué par ce personnage peu ordinaire, aux étranges manières, le capitaine ordonna néanmoins à ses troupes de poursuivre la route, comme convenu, en direction de l'endroit où se trouvaient alors les Anasazi. Ils arrivèrent finalement au campement de ceux-ci, à la tombée de la nuit, et y donnèrent l'assaut, aussitôt. Cependant, ils ne trouvèrent là qu'un camp vide, Mohosheï ayant pu demander aux siens de se cacher dans les grottes sacrées qui les protégeaient souvent du pire, s'ils ne voulaient se faire massacrer de façon impitoyable, comme du bétail.

« *À présent, ils sont à votre poursuite, ceux qui ne respectent rien : ni la vie, ni la parole donnée. J'ai parcouru de nombreuses contrées, y laissant bien souvent le son de ma lyre chevaucher sur l'invisible crête du vent, dans le but d'attendrir le cœur des hommes aveuglés par la haine. J'ai croisé toutes sortes de gens et bien d'autres Indiens !*

Mais une seule catégorie d'hommes m'a fait douter de l'intérêt véritable de ma mission : celle de ceux qui chassent et qui tuent sans faim, spoliant leurs prochains dont ils ignorent délibérément les droits sacrés ; massacrant enfants, vieillards, hommes et femmes, sans distinction, par pur désir de puissance ; se targuant, avec orgueil, de ce qu'ils sont devenus les maîtres du monde.

Mes chers frères, mes chères sœurs, je vous en conjure, partez ou vous mourrez ! Car, ceux qui viennent vous assaillir, à présent, sont bel et bien de cette espèce-là !

Quant à moi, j'ai vu suffisamment d'horreurs sur terre lors de mes divers périples pour souhaiter quérir enfin la véritable paix. Ne vous souciez donc plus de moi, car je suis déjà ailleurs. Je porte chacun d'entre vous au plus profond de mon cœur. Sachez que je veillerai toujours sur vous, en prière, où que je sois, en union avec l'éternel Esprit de sagesse et de miséricorde dont procède tout bienfait ! Que le Grand Esprit vous accompagne et qu'il vous protège toujours, mes amis ! »

Sur cette ultime bénédiction, Mohoshëï s'en alla tout aussi soudainement qu'il leur était apparu et, il semble avoir disparu ainsi, à jamais, de la surface de la terre, depuis lors.

Toutefois, la légende dit qu'il erre encore de-ci, de-là, à travers monts et vallées, par-delà vents et marées, sur les ailes de son frère le vent, et qu'il continue à proclamer le message de l'espoir aux creux des oreilles des hommes habités par la colère et nourrissant de mauvaises intentions.

Elle dit aussi qu'il est désormais l'allié du vent et qu'il murmure toujours le message de l'espoir au creux de nos oreilles. Quiconque l'écoute gagnera en sagesse et vivra heureux. Qui l'ignore, délibérément, court à sa propre perte, en persistant à suivre la voie de la haine et des causes surfaites. Car il se reconnaît entre mille ce murmure aussi doux et léger qu'une belle plume virevoltant dans la ronde du vent, embaumant souvent le cœur d'une paix et d'une joie à peine palpable.

Si, un jour, toi aussi tu entends ce chant venant de nulle part chatouiller doucement ton tympan, n'oublie pas que Mohoshëï est avant tout fils de la Vie, frère du Vent et, surtout, porteur d'Espoir. Tu feras alors les bons choix, sans crainte, assurément !

L'oiseau et le prince

D ans le lointain royaume du Vitifliki, régnait Oran, un roi bon et généreux. Cependant, ce monarque exemplaire avait un fils aîné du nom de Kull, ne jouissant guère d'une excellente réputation et dont la grande méchanceté était connue de tous.

Manipulateur et sanguinaire, ce prince était loin d'être aimé par le peuple et par les vassaux de son père. À force de machinations, il avait réussi à se constituer, malgré tout, un cercle de fidèles qui le suivaient partout, lui obéissant, souvent, sans discuter. Mieux valait d'ailleurs ne pas l'avoir comme adversaire et, même ses proches le craignaient, bien plus qu'ils ne l'appréciaient réellement.

Notre jeune prince était si habile dans l'art de la *duplicité*[67] qu'il réussit finalement à séduire Sylla. Or, cette superbe jeune fille de noble lignée était alors la fiancée de celui qu'il disait être son meilleur ami, et qui s'appelait Manoué. Néanmoins, le fils aîné du roi ne réussit un tel exploit qu'après avoir accusé ce dernier de trahison et pour l'avoir fait condamner à mort et exécuter, de façon fort machiavélique.

Kull épousa donc Sylla, quelque temps seulement après cet abominable crime. Mais, un beau jour, la jeune épouse en vint à apprendre, de la bouche de l'un des proches du noble Manoué, que son époux n'était en réalité qu'un *fieffé*[68] menteur, doublé d'un vil meurtrier ; qu'il avait volontairement piégé et éliminé celui dont il se déclarait, pourtant, le meilleur ami dans l'unique but de se rapprocher d'elle.

---

[67] **Duplicité** : fausseté ; imposture

[68] **Fieffé :** parfait ; accompli ; inégalable dans le mauvais sens

Ce brave homme lui expliqua également que Manoué n'avait jamais été un proche de Kull et qu'il n'avait nullement conspiré avec l'ennemi, comme ce dernier l'en avait ouvertement accusé. De cela, Dakunia, le fils cadet du roi Oran, avait lui-même témoigné devant tous, lors du dernier conseil royal, puisque Manoué combattait à ses côtés, en réalité, tout au long de la dernière campagne menée contre les Zolimanis. Or, c'est à cette période précise que, selon les accusations du redoutable prince Kull, le noble Manoué aurait rencontré les émissaires de Zani, le roi ennemi de son peuple.

La princesse, plus qu'affligée et absolument bouleversée par cette terrible révélation, demanda à se retirer aussitôt dans un couvent, pendant un certain temps, ne pouvant plus supporter de se retrouver en présence de son monstrueux époux, dès lors. Celui-ci, non dupe de la véritable tournure que prenaient les évènements, à l'évidence, la fit parler de force et comprit rapidement, à son grand désarroi, après lui avoir soutiré des aveux, qu'elle connaissait la vérité et qu'elle essayait de le fuir, en vérité.

«Tu voudrais me quitter Sylla ? Crois-tu réellement que l'on puisse m'abandonner de la sorte, sans que je ne réagisse ? Eh bien, ma chère, tu sauras ce qu'il en coûte à ceux qui osent me défier ainsi ! », interjeta brutalement ce prince, dépité,

ulcéré et plus que vexé, à la face de son épouse alors en pleurs. Puis il appela ses gardes et la fit enfermer sur le champ dans la tour supérieure, située au nord du palais. La princesse se retrouva bientôt isolée, terriblement accablée, triste et plus que jamais seule.

Toutefois, Sylla possédait un bel oiseau bleu qui chantait alors si bien, qu'on eut dit qu'il savait parler. Fort heureusement, elle avait réussi à le cacher dans les plis de sa robe avant que son époux ne la fit escorter dans ses nouveaux quartiers, ô combien, misérables ! L'oiseau s'envolait de temps à autre par les lucarnes de cette sinistre geôle, afin d'aller explorer les espaces environnants.

Toutefois, il revenait toujours auprès de sa maîtresse, qu'il tentait vainement de distraire, malgré tout, grâce à son doux chant mélodieux.

Jour après jour, l'oiseau chanteur voyait dépérir sa maîtresse malheureuse et désespérée, sans trop savoir que faire pour l'aider, véritablement. Ce qui le désolait également, grandement.

Néanmoins, un jour, alors que le magnifique volatile de la princesse Sylla se trouvait haut perché sur un citronnier, il vit s'approcher le prince Kull et ses bons compagnons en route pour la chasse. L'oiseau, comme mû par une impulsion irrépressible, se mit aussitôt à chanter. Intrigué par ce chant singulier, le prince leva vivement la tête et aperçut l'oiseau qu'il reconnut, bien évidemment, comme étant celui de son épouse rebelle et indisciplinée. Son sang ne fit manifestement qu'un tour, car, il pointa promptement son fusil en direction du malotru qui semblait le narguer, ainsi, bien décidé à le faire taire.

Mais alors, contre toute vraisemblance, l'oiseau se mit à parler soudainement de façon nette et distincte :

« Mon bon prince, ne me tuez pas, je vous en conjure ! Je suis bien maigre, comme vous le voyez, et ferai bien pauvre chère pour votre riche table des plus princières. Monseigneur,

passez donc votre chemin et moi le mien ! », ajouta-t-il encore, avant même que l'assistance ne parvint à se remettre de la consternation dans laquelle venait de la plonger ce phénomène bien étrange.

«Comment ! S'exclamèrent incidemment en écho les courtisans du prince, visiblement consternés et plus qu'intrigués par une telle bizarrerie. Un oiseau qui parle ! Mon prince, hâtons-nous vite de poursuivre notre chemin !», lui suggérèrent-ils tous alors, estimant que cet étrange épisode, aussi extraordinaire fut-il, ne laissait rien présager de bon, à leurs yeux.

- Sale bestiole, ce n'est pas parce que tu sais parler que je vais t'épargner ! s'exclama néanmoins le prince, exaspéré et véritablement hors de lui ! Il visa encore l'oiseau, le plus précisément possible, tira dès lors avec un sang-froid indéniable et l'abattit, fort adroitement, du premier coup.

- Je le veux dans mon assiette, ce soir même ! fulmina le prince, aussitôt après, vraisemblablement excédé par l'effroi qu'avait suscité chez ses compagnons cet oiseau bizarre. Il se sentait néanmoins heureux et fier d'avoir su tenir tête à tous, se sentant d'autant plus satisfait qu'il se voyait, dès lors, tel un brave se délectant de toute sa superbe au milieu d'une bande de craintifs. Ces favoris et lui poursuivirent finalement leur route, puis ils s'en allèrent chasser, comme prévu.

Le soir venu, l'oiseau parleur ornait effectivement l'assiette du prince, conformément à la demande de celui-ci. Mais, avant de déguster ce mets *singulier*[69] qu'il pensait avoir fort bien mérité, le prince Kull se tourna à nouveau vers l'assistance, tout railleur et gonflé d'orgueil, s'exprimant encore sur un ton de défi :

- Voici que je salive d'avance à l'idée de dévorer cet idiot d'oiseau brailleur, qui se prenait pour un beau parleur ! Un volontaire, peut-être, pour m'accompagner, à présent que je m'apprête à n'en faire qu'une bouchée ?

Cependant, nul ne répondit à cette requête sarcastique et fanfaronne du prince, dont la grande suffisance dépassait véritablement les bornes, outrageant

---

[69] **Singulier** : particulier ; inhabituel

réellement plus d'un. L'héritier du trône ingurgita donc, seul, cet oiseau fort étrange dont il ne fit effectivement qu'une bouchée, avant de se délecter également des autres mets présents sur cette table des plus royales.

Toutefois, tandis que le dîner tirait déjà à sa fin et que les convives attendaient tous que le roi daignât se lever, pour en faire autant, le Prince Kull se mit à suffoquer soudainement. Il tomba à terre, presque aussitôt après, et se retrouva couché sur le dos. Son ventre se mit subitement à gonfler, à gonfler et à gonfler, encore et encore, d'une façon aussi étrange qu'inexplicable, face à l'ahurissement général de l'assistance.

Le médecin du roi s'agita beaucoup autour du prince, en désespoir de cause, sans pouvoir poser le moindre diagnostic cohérent. Serait-ce donc une indigestion, un empoisonnement ou, encore, une banale crise intestinale ? Les questions se succédèrent ainsi dans l'esprit de tous, sans véritable réponse, lorsqu'une voix qui semblait provenir de nulle part se mit à se faire entendre, étonnamment :

« Mon bon prince, je vous avais pourtant prié de passer votre chemin ! Il est bien trop tard à présent pour vous tenir un autre discours. Mais il me faut chanter encore, longtemps, et j'ai hâte de me trouver en bien meilleure compagnie, car l'on m'attend véritablement ailleurs !

Adieu, donc, puisque je ne mourrai assurément que lorsque Dieu, Lui-même, le voudra. Par ailleurs, vous me voyez bien au regret de vous informer que votre fusil ne pourra plus vous être utile, dorénavant, là où vous vous en irez dès à présent ! », déclara-t-elle encore, enfin.

Aussitôt après ce discours, le ventre du prince se mit à émettre un affreux gargouillis. L'homme fut pris de terribles tremblements, puis son abdomen craqua finalement, telle une pastèque bien trop mûre, laissant s'échapper opportunément l'oiseau parleur, dans son bel habit de plumes bleues, devant cette assemblée, visiblement horrifiée.

Tous les convives s'en retournèrent dès lors, abasourdis et plus qu'épouvantés, face à cet étrange spectacle des plus atterrants, qu'ils n'étaient pas sur le point d'oublier. Bientôt, le bruit courut de par le royaume, révélant que *"le prince Kull était mort comme il avait vécu, gonflé d'orgueil et les tripes à l'air."*

La princesse Sylla fut aussitôt libérée de son sinistre cachot par le bon prince Dakunia, qui l'épousa et qui succéda dignement au noble roi Oran, quelques années plus tard. Le fils cadet devint un souverain bon et clément, à l'image de son brave père, et il réussit à conjurer l'abominable spectre de son impitoyable frère grâce à sa grande bienveillance envers tous.

Si faire face à l'étrange en vue d'assurer sa propre survie ou celle d'autrui constitue un véritable acte de bravoure, vouloir défier l'impensable, en vain, par simple entêtement, n'est que pure folie et relève parfois même de la sottise, comme nous l'enseigne finalement la moralité de cette étrange histoire !

Lexique

Anasazi : Peuple indien vivant dans la région du grand sud-ouest de l'Amérique du nord. Ce nom désigne également *« les anciens »* au sens étymologique en langue Navajo.

Mawouton : Celui qui est pour Dieu, pour le bien en langue "fon"

Gbèssin : *loi immuable de la Nature que nul ne devrait transgresser*, en langue "fon"

Le fon : la langue la plus populaire en République du Bénin située en Afrique Occidentale.

Belliqueux : qui aime la guerre, le combat, bagarreur

Calebasse : fruit en forme de courge à la surface lisse du calebassier

Chaman : prêtre ou magicien célébrant des rites mystiques dans certaines civilisations asiatiques ou américaines

Pauvre chère : nourriture de piètre qualité

Emaner de : provenir de

Liesse : Très grande joie, allégresse

Lyre : instrument de musique à cordes pincées ; signifie musique dans le conte Mohoshéï

Pairs : personnes semblables, du même rang

Philtre : potion, breuvage

Quasi : presque

Contrée : pays

Souverain : monarque, roi

Spoliant : qui dépossède par la ruse ou par la violence

Sans préambule : sans prévenir ou sans ménagement

Sournoise : perfide

S'attirer les foudres de : mettre en colère

Sidérant : stupéfiant

*Voir le site de Site Web de l'auteur pour l'accès gratuit à une partie de son œuvre : **nouvelles, Poèmes, Webnews, essais ... :***
www.euryuniverse.com

© **Euryuniverse éditions**
Copyrights, tous droits déposés
Dépôt légal novembre 2010

www.euryuniverse.net

Edition de Mars 2013, 2ème édition